松本順市

「即戦力」に頼る会社は必ずダメになる

GS

幻冬舎新書

145

まえがき

アメリカ初のアフリカ系大統領となったオバマ大統領が、自らのルーツであるアフリカを訪問しました。かつて、アフリカの多くの人々は、欧米諸国に「奴隷」として扱われていました。人間と見なされず、「労働力」として肉体を売買されたのです。人間を売る商人。それを買う人々。奴隷は、売買によって利益を生み出すための悲しい存在でした。しかし、血で血を洗う気の遠くなるような戦いの後、絶対にあり得ないと言われたアフリカ系の血を引くアメリカの大統領を誕生させました。世界中の人々が、人類平等へ大きく踏み込む歴史的瞬間を目撃しました。

奴隷制度など、歴史上の過去の出来事と考えている人も多いかもしれません。しかし、現在の日本でも、同じことが起きています。「派遣」という労働形態がそれです。奴隷制度と同じことがまさに今、現実として起きているのです。

２００8年10月に世界の金融危機が発生してから、日本では、30万人以上の派遣社員が切り捨てられたと総務省で発表されました。しかし、その数字も統計上のもので、本当の数字は定かではありません。２００8年暮れの日比谷公園の派遣村での出来事は、現在の日本を象徴する出来事としてはあまりにも衝撃的でしたが、いったい誰が「労働者難民」とも言える派遣社員を生み出してしまったのでしょうか。そして、なぜ派遣社員たちを、このような窮地に追いやったのでしょうか。彼らの存在そのものは、大きくマスコミに取り上げられ、連日、新聞紙面を賑わせました。しかし、今やそのニュースも忘れられつつあり、派遣社員という存在をつくってしまった根本原因が問われることは、一度もないいま現在に至ります。

１９７5年ごろから急速に増えた「人材派遣」という形態の事業は、労働力を露骨に「商品」として扱っています。労働力を売る会社があり、労働力を買う会社があります。派遣された社員は、高い賃金を提示されてはいても、必要のあるときだけ労働力を要求され、環境が変われば、いとも簡単に切り捨てられます。人間が労働力として売り買いされている現実があるのに、そこに疑問を差し挟む人はいません。人間を商品として扱う、これはまぎれもなく奴隷制度です。にもかかわらず、昨今はトレンドな事業として最大の賛辞を受けています。そして仲介する派遣会社だけが莫大な利益を得、不幸な企業、不幸な労働者がますます増えているのが現状です。

こうした問題だらけの派遣制度を、簡単に受け入れてしまう風土が、近年の日本にはありました。それを象徴するのが「即戦力」という言葉です。

「すぐに成果を上げる力を上げる社員がほしい」「仕事を教えなくても自分の力で成果を上げる社員がほしい」――目の前の利益を効率よく上げることにとらわれてしまった多くの経営者が、「即戦力」を求めるようになりました。気がつけば、新卒を採用して「育てる」という気の長い企業努力より、すぐ使える「派遣社員」、それだけでなく、他社で仕事を覚えて、一から教えなくてもいい「中途採用者」を安易に雇い、成果を上げようという発想に、日本全体が傾いてしまいました。

ところが、こうした発想、社員の採用方法そのものに、日本経済が停滞し、企業の業績不振が続く原因が潜んでいるのです。

私は今まで、5年間で337社の経営者に人事制度を教え、それぞれの会社の成長を支援してきました。人事コンサルタントになる以前は、魚力という「3K」産業の魚屋に勤めていました。「即戦力」に頼ることのできないその会社の生きる道は、社員を成長させることだけでした。社員の能力をひたすら信じ、成長支援に取り組み続けました。やがて、その会社は、業界初のサービス残業なし週休2日制を実現、30年連続増収増益を実現し、東証二部上場を果たしました。

そうした経験、実態から言えることは一つ、これからの日本が、全世界を相手にし、ますます成長していくことを考えるのであれば、すべての会社が、「派遣」や「中途」という採用形態に頼らずに、自ら社員を育て上げる、労働力の不足を安易に即戦力で補わないことを誓って進む必要がある、ということです。そうすれば、今の企業は、もっともっと強くなると断言できます。

職場を転々とすることなく、一つの組織の中で苦労を重ねていった社員は、やがて企業の中で中核となる働きをするでしょう。そんな社員が、ゆくゆくは企業の国際競争力を高めていくものと信じます。

今後は、雇われる側にも、発想の転換が必要になるかもしれません。

派遣社員になったり、職場を転々とする理由は、人それぞれでしょう。たとえば、人間関係がわずらわしい、好きな仕事だけしたい、いろいろな経験をしたい、時間や組織など何にも縛られない生き方をしたい――そうした考えは理解できます。同じように考える社会人をたくさん見てきました。しかし、その考えの中には、社会人として誤解していることが多々あります。

そもそも、働くということは、自分の人生をどのように生きるかということにかかわってきます。組織の一員としてあらゆる問題に立ち向かい、それをクリアしていくことでしか、すばらしい人生を獲得することはできません。確かに、派遣社員となったり、転職を繰り返しながら、一見、自由に働く、そんなメリットもあるでしょう。しかし、一生、派遣社員として生きることも、転職し続けることも現実的にはできません。雇用形態や収入が不安定というだけでなく、それは、あなたの人生の成長を妨げ、働くことによって得る喜びや人との出会い、経験といったあらゆる機会を奪います。

そうした現実をストレートに学ぶためには、「働き方」と、それに伴う「給料」のことについて、私たちはよく知っておかなければなりません。特に、給料のことを正確に知らないと、新聞や雑誌の情報に振り回されてしまいます。いままで私は経営者に対して話をすることが多かったのですが、この本は、雇用される人たちが、そうした情報に振り回されない社員になってほしいと願って書きました。

いわゆる成果主義が幅をきかせるようになってから、私たちは効率一辺倒で働くこと、生きることに、何ら疑問を感じず、ここまできました。しかし今こそ、私たちは、働く意味を根本から問い直し、個人も会社も一緒に成長できる道を探るべきではないでしょうか。

私たちは、夢も希望もある人間です。その人間である社員に、本当の意味での雇用——成長の場を提供し、思い描く人生を獲得できるよう応援するのが、本来の企業の役割だと、私は考えています。経営者も社員も、「即戦力」や「歩合給のため高収入」といった安易な言葉に惑わされず、経営者は経営者として、社員は社員として、成果をあせらず一歩一歩成長するためのガイドに本書がなれば幸いです。社員として約40年間働くために最低限必要なことはすべて書きました。すべて読み切ってください。そして、すばらしい、あなた自身の人生を獲得してください。

「即戦力」に頼る会社は必ずダメになる／目次

第五章 組織のなかで稼ぐ力をつけるには

図版・付録作成 ㈲美創

第一章 野球選手の年俸制にみる「給料」と「売上げ」のカラクリ

野球は究極の成果主義か

突然ですが、あなたの今年の昇給額はいくらでしたか。1000円？ 2000円？ それとも5000円ですか？ 厚生労働省が発表した平成20年の平均昇給額は6149円でした。1万円を超えていたあなたは、そのことを知って、ホッとするかもしれません。昇給なしだったあなたは、社長や上司の顔を思い出して少し腹が立っているかもしれません。その気持ちにさらに油を注いでしまうのではないかと心配しながら、もう一つ訊《き》いてもいいでしょうか。

あなたは野球選手の年俸更新のニュースを見たことがありますか。スポーツ紙ではトップ紙面を飾るニュースにもなります。昇給額は1万円、2万円どころではありません。1

000万円！ 3000万円！ 選手によっては1億円以上アップします。日本ハムのダルビッシュ有投手は21歳の若さで、1億2800万円増の年俸2億円になりました（平成19年12月の契約更新交渉時）。月平均1000万円以上のアップです。毎年の光景ですから、そんなもんかなと思いつつも、昇給というものを一度でも経験したことのある人なら、その金額の大きさに愕然《がくぜん》とするでしょう。

仮に年俸が1億円アップしたら、単純に12カ月で割ったとして、月の給料が800万円以上アップしたことになります。「昇給額が1万円だった、うれしい！」。こんな庶民の感覚とはかけ離れた世界です。もちろん、一方ではかなりの金額がダウンする選手も当たり前のようにいるのですが。

活躍すれば年俸が上がり、活躍できなければ年俸が下がる。年俸の決め方を耳にするかぎり、野球選手の年俸には、勤続年数も年功も勤務態度も関係がないようです。とすれば、野球の世界は究極の成果主義と言えそうです。

成果主義——。日本では多くの企業が成果主義による給料制度を取り入れて失敗し、マスコミなどで相当取り上げられました。しかしスポーツ選手の年俸となると話は別なようです。「厳しいけれども仕方がない」と選手自身もファンも含め、多くの人が口を揃えます。また、成果によって決まるのだから、誰でも納得できる公平・公正な世界なのだと思えてきます。打率やホームラン数、盗塁数、防御率など、野球にはたくさんの成果の種類があります。投手や捕手、バッターに野手と活躍の仕方もそれぞれ違います。

こんなに明確でわかりやすく、各自のしっかりした数字のデータがあり、それによって年俸が決まるのであれば、難しい計算はまったく必要ありません。電卓があれば、誰にでも年俸が出せそうです。

成績で年俸が決まるのであれば、選手は、毎年の年俸の見直しに不平や不満などないはずです。しかし、現実的には、球団側の提示する年俸に納得できないという選手が毎年現れます。なぜ、彼らは自分の年俸に納得できないと言うのでしょうか。

理由は二つあります。まず、究極の成果主義と思われている野球選手であっても、実は成果だけで年俸が決められているわけではないということです。二つ目は、選手はそのことを知らず、自分の所属するチームが、成果以外に何を基準に年俸を決めているのかがわからないということです。そのため、「こんなに成果を上げたのに」という不満につながっていくのです。

これから本書で徐々に明らかにしていきますが、どの世界であれ、仕事の成果だけを評価する基準とされている「成果主義」というものは、まったくの幻想の産物です。その年の成果が同じ野球選手が二人いたとしても、年俸が同じになるとは限りません。この球団と選手の関係は、会社と社員の間でも同じことがいえます。純粋に「成果」だけで年収を決めている会社など、実は一つもないのです。このカラクリを理解できれば、会社が社員に、具体性のない「即戦力」に期待することや、社員が「即戦力」を武器にして高給を手にしようと思うことが、いかに意味がないことかがわかります。

年俸が単純に「成果」だけで決められない理由

では、野球選手に求められる「成果」は具体的にわかっているのに、なぜ、この1年間の成果だけで年俸を決められないのでしょうか。理由は大きく二つです。

1．年俸は、その年の成果だけでなく、去年の成果が加味される

基本的に、年俸というのは、その年その年の成果だけで決めるものではなく、過去の成果も加味して決定されています。

たとえば、ある年に大きな成果を上げたとしても、成果に見合うだけの年俸アップが一

度にされることはありません。去年までの年俸に、今年の成果を見てプラスアルファをする、「過去の成果＋今年の成果」で評価することになります。去年までの積み重ねに今年の成果を加味していくということです。今年1年間の成果が高ければ来年の年俸からアップしますし、低ければ来年からダウンすることになります。

これは一見、不合理のように見えますが、選手にとっても球団にとっても、好ましい決定の仕方でしょう。

まず選手は、体が資本です。自らの肉体を消費して仕事をしています。さらに会社員と違って個人事業主で、保証は何もありません。健康管理に十分気を配っていても、ケガや故障をすることはあります。そうなったら、去年と同じ成果を上げることは難しくなるでしょう。

1年間だけの成果で年俸が決められるとなると、リスクが大きすぎます。選手は常に収入に不安をかかえてプレーすることになります。失敗しないことを第一に考えて行動するようになり、積極的なプレーに挑戦することもなくなるでしょう。そのリスクヘッジをするのが、去年の年俸をベースにし、今年の成果に基づいてプラスマイナスするという方式です。これが選手の安心、挑戦する気持ちにつながっています。

球団にとってもメリットがあります。過去の年俸は、今年の年俸を決める上での基準値になるということです。ベースがあれば、比較的簡単に年俸を決めることができます。また、選手に支払う年俸の増減を把握しやすいということもあります。毎年毎年大きく変動するのでは、その年は一体いくらになるのか、予想もできません。年俸の増減をまったく把握できないのでは、経営もままなりません。

昨年の実績を基にして決めるので、選手は去年より年俸が高ければ「自分は去年よりも評価された」、去年より低ければ「自分の成績は去年より高く評価されなかった」と考えることができます。選手にもわかりやすいので、比較的納得を得やすい方法なのです。

選手が安心してプレーできることは、球団にとってもメリットです。球団の収入に良い影響を与えるからです。

選手が安心して積極的なプレーに挑戦をするようになれば、エキサイティングな試合になります。エキサイティングな試合は球団全体の収入に大きなプラスの影響を与えます。

野球はもちろんスポーツです。しかし、自分の技術を遺憾なく発揮し、新しい目標に向かって挑戦する姿はスポーツを観戦する人たちに大きな勇気や元気を与えます。それが野球ファンや特定の球団や個人選手のファン数を増やすことにつながり、ゆくゆくは選手の収入につながる来場者数やグッズの購買数を伸ばすことになっていくのです。これは球団にとっても大きなメリットといえます。

2.年俸は、個人の成果だけでなく、球団の全体の収入に影響を受ける

多くの人が忘れがちなことですが、年俸を決める重要なことに、「全体の収入」が関係してきます。

球団の経営上の収入には、具体的に次の五つの種類があります。

・試合の入場料
・試合の放映料
・スポンサー・広告料
・飲食・グッズ販売の売上高
・ファンクラブ収入

これらの収入の大きさを左右するのが、選手たちの純粋な〝成果の大きさ〟だけでない

ことは、容易に想像がつくでしょう。

もちろん、選手たちの成果が高ければ、リーグ優勝する確率が高いともいえます。優勝にからむ試合は「入場者数」も多く、「放映料」も当然高くなりますし、それにからんで「グッズ」も売れるようになるでしょう。

しかし、事はそうシンプルな話だけではありません。選手の知名度や対戦カード、注目の試合、優秀な選手がいなくてもファンに支えられている球団であるなど、さまざまな要因がからんできます。

たとえば、「巨人対阪神戦」は実際、ほかのカードと比べて入場者数が増えるようです し、過去に実現した「松坂対イチロー」という試合の視聴率も好調だったようです。誰かが大記録を達成するかもしれない試合、選手の引退試合にも、たくさんのファンが駆けつけます。清原選手の引退試合では、発売された前売りチケット2万枚が、わずか45分で売り切れたそうです。この場合は、清原選手の人気が多くの観客を引き寄せたことは明白ですが、こうしたわかりやすい相関関係が見えない一般的な試合では、誰がどの収入をどれだけ増やしたかということを、単純な計算式にすることはできません。

しかも野球は、控えの選手も含め、28人で戦うものです。一人の選手の成果がどんなに高くても、試合に勝つことはできません。この点は一般企業と同じです。一人の社員、数人の社員がどんなに優秀であっても、会社全体の成果を上げることができなければ、その人たちの年収を増やし続けることは難しいのです。

こうした理由、とくに二つ目の理由が複雑にからみあっているために、野球選手は個人の成績データだけで、単純に年俸をはじき出すことができないというわけです。

評価に不満でFA宣言する選手と、球団の関係

「成果を出せ」と言うからがんばった。自分では去年よりかなりいい成績を出したと思っていた、それなのに思ったよりも年俸がアップしなかった——。そんなことがあったら、年俸の更新のときに選手が不満を持つのは当然です。この不満は、アップした年俸が少ないというより、算出方式が明らかにされていないことが主な原因です。こうした点も一般企業と同じと言えます。

ともかく選手は、高い成果を上げ続ければ、年俸は増えると思っています。ところがここで、球団側には限界があるという問題が新たに浮上してきます。

当然のことながら、球団は〝経営〟をしています。選手たちに支払える年俸には、自《おの》ずと限界が出てくるのです。その上限ラインは、球団によってさまざまです。

現在の年俸が希望通りにアップしないことへの不満を感じたとき、出場選手登録（一軍登録）145日を1年と換算して、累計9年（通算1305日）経過でFA宣言をすることがあります。他球団との交渉権を得るということです。

世の中には、ヘッドハンティングというスカウトの方法がありますが、野球の世界では、他球団の選手を内密にスカウトすることはルール違反になります。そのかわり、他球団に、選手自ら売り込みをかけます。このFA宣言によって、現在その選手が所属する球団は、年俸を上げて引き止めるかどうか、決断を迫られるのです。他の球団がさらに高い年俸を出してでも、その選手を必要とするのであれば、選手は、今以上の年俸を手にすることができます。

選手にとって、自分が育った球団を去ることは、辛い思いであることは確かです。FA宣言をした選手に対して、ファンから思いとどまるよう必死の声が上がることも当然あります。しかし、自分の実力に見合うだけの年俸を確保してくれる球団に行く道を、閉ざすことは誰にもできません。他の球団にしてみれば、その選手の獲得によるチーム全体のパワーアップを考えたら、年俸アップに応えても十分だといえるところで手が打たれることになります。

年俸はすべてではありません。しかし、年俸を上げることは、選手にとっては自分の実力をさらにアップさせるためのモチベーションの一つとなることは確かです。一般企業では、社員がＦＡ宣言の代わりに転職先を探すリクルート活動をスタートさせます。現勤務先には内緒でするのは少し寂しい気がします。一般企業にも、ＦＡ宣言に似た仕組みがあってもいいのかもしれません。

「即戦力」で買われた選手が、すぐ成果を出すとは限らない現実

ところで、野球でスター選手といえば、注目されるのが強打者です。各球団はもっとも打率の高い選手を４番打者として活用します。

この選手を中心に、多くの選手が活躍することによって、高い点数を取って試合を勝つことができます。ここに監督の選手起用の戦術があります。対するチームの投手は、この４番打者を打ち取ることが、自分のチームの勝機を高めることになります。

強打者は会社で言えば即戦力です。この社員がいれば間違いなく高い成果を上げること

ができる、という社員です。そんな社員を次から次と入社させることができれば、我が社は今日も他社に楽々勝てるのに、と経営者であれば考えてしまうかもしれません。

２００4年、読売ジャイアンツは各球団の4番選手を集めたことがありました。当時は史上最強打線と言われたものでした。西武ライオンズから移籍した清原和博選手、広島カープから移籍した江藤智選手、ヤクルトスワローズから移籍したロベルト・ペタジーニ選手。この選手に加えて近鉄バファローズのタフィー・ローズ選手、福岡ダイエーホークスからは小久保裕紀選手です。他球団で4番を打っていた強打者5人が集まったのです。野球ファンから多くの批判と賞賛の声が上がりました。

そしてその年のシーズンが終わった結果、巨人は２５９本という本塁打を打ち、プロ野球記録を更新しました。本塁打の数はセ・リーグ1位。2位になんと70本以上の差をつけていました。即戦力を求められて入団した選手が、即戦力を発揮した結果です。

ところが、セ・リーグ優勝は巨人ではありませんでした。巨人はまさかの3位。打点７１９、長打率０・４８３、出塁率０・３３９で、数字の上ではすべてセ・リーグ1位。史上最強打線の名に違《たが》わぬ高成績。それでもチームは勝てなかったのです。実力のある選手をどれだけ集めたとしても、優勝できるとは限らないという事実が記録されました。

ちなみに、このときの巨人軍の支配下公示選手の平均年俸は、6394万円です。5位だった広島の2718万円の2倍以上です。

出場選手登録で見ると、巨人軍の平均年俸は、驚きの1億2525万円。広島の4554万円と比べると、実に3倍近い平均年俸の差があります。

年俸が高いということは選手の力がそれだけ高いことを意味しているはずです。しかし、力のある即戦力の選手を集めたとしても、優勝することができないことを、2004年の史上最強打線は教えてくれています。

巨人軍と大企業の共通点1〈高給による好循環〉

巨人軍の過去の残念な結果はひとまずおいておくとして、そもそも、そうした優秀な選手ばかりが集まってきたのはなぜだったのでしょうか。

巨人に人気がある理由の一つに、選手の平均年俸が高いということが挙げられます。最新のデータでは、一位の座を阪神に譲りましたが、各球団の支配下公示選手の「3631万円」が全球団の平均年俸のなか（平成20年度）、巨人軍の「5510万円」は抜きん出ていました。

これを見たら、誰でも巨人軍を目指すでしょう。野球選手としてやることはすべて同じだからです。やることが同じなら、高い年俸を得たいと思うのは当たり前です。

では、なぜ巨人軍の平均年俸は高かったのでしょうか。それは、巨人軍の球団経営上の収入に理由があります。巨人軍の球団収入は12球団でもっとも高かったのです。ですから高い年俸が出せたのです。

これが次のような連鎖をつくっていました。

・球団収入が高いから、優秀な選手を採用できる
・優秀な選手を採用できるから、試合に勝てる
・試合に勝てるから、入場者数が増え、放映権・グッズ等の収入が上がる
・収入が増えるから、選手の年俸を高くすることができる
・年俸を高くできるから、優秀な選手が集まる……

このため、巨人軍は野球選手にとって、もっとも魅力的な球団の一つになっていたのです。あなたも、同じ仕事をするなら、やはり少しでも年収が高いほうがいいと思うでしょ

う。それとまったく同じです。

もっとも、この連鎖は完全な連鎖ではありません。年俸が高ければ試合に勝てる、つまり、年俸が高いチームほど、勝ち数が多くなることになりますが、実際には、年俸の高さと勝ち数が必ずしも比例しないからです。このことは、野球ファンなら誰でも知っていますし、前述の例からも明らかでしょう。

ここでちょっと視点を変えて、「一つの勝利にどのくらいの年俸がかかっているのか」を、2008年のシーズンの結果で見てみましょう。巨人軍は4067万円かかっています。中日は4343万円。セ・リーグでもっとも低いのが広島の1778万円です。つまり、「勝った1試合当たりにかけた平均年俸」ということでいえば、広島がもっとも上手な経営をしているということです。ここからも、年俸と勝ち試合の数が比例的な関係にないことがわかります。

しかし、だからこそ試合を見ていて楽しいとも言えます。もし、平均年俸の高いチームが常に勝っていたら、野球というスポーツを見る楽しみが少なくなります。

野球を見る人の多くは、最初から応援するチームが決まっていて、そのチームが勝つのを見るのが一番楽しいと言うかもしれません。確かにその通りでしょう。

しかしそれとは別に、年俸の低いチームが年俸の高いチームを打ち負かす、そんな試合に楽しみをひそかに感じるはずです。特に日本人は判官贔屓《ほうがんびいき》。弱いチームをつい応援してしまいます。たとえば楽天が勝ったとき、あなたは不思議と楽しさを感じないでしょうか。スタート段階ではあまり優秀ではないといわれた選手を集めたチームが、優秀な選手を集めたチームを負かす楽しさというのが少なからずあります。これは特定のチームを応援するということを超えた、野球全体の楽しみなのかもしれません。

巨人軍と大企業の共通点2〈引退後の安定収入〉

一般社会人は、現在は60歳で定年退職することはありません。法律が改正されましたから現在は63歳、平成25年までには段階的に65歳に定年退職年齢が引き上げられることになっています。

この流れは年金財政に影響を受けています。年金支給開始年齢が、60歳から65歳に段階的に引き上げられています。年金支給開始年齢を引き延ばすことによって、年金財源の確保をしているのです。早晩、この年齢が70歳まで延びることは、ほぼ想定の範囲内ですので、若い人はそれなりの覚悟が必要です。

では野球選手はというと、選手生命40歳が一つの目安となります。どんな大スターとして活躍し名を馳せた選手でも、30代半ばのピークを過ぎれば体力が低下してきます。すると、今までのような成績を維持することが難しくなってきます。一軍選手としての成果を残すことが難しくなってきたころ、多くの選手が40歳を過ぎたころには退団することになってしまいます。

場合によっては、球団側から戦力外通告を受けることもあります。選手として契約を更新しないということです。とてもシビアな世界です。単純に比較することは難しいですが、一般企業はそこまで厳しくはありません。

引退後の選手の生きる道は二つです。一つはコーチや監督として、いわゆる球団経営の一員として残るという道。今までは個人事業主で雇用関係にはありませんでしたが、この段階で初めて社員になります。

もう一つは、引退してまったく別個な分野で活躍するという道です。別個な分野の中には、一般企業に再就職する他に、野球解説者やタレントとして活躍するといった道もあります。この場合、選手の顔や名前が多くの人たちに知られていなければなりません。そうなると、テレビ放映が多い球団に所属している選手のほうが有利です。ということは、巨人軍の選手は断然、有利です。現在活躍しているタレントや野球解説者も、元は巨人軍に所属していた選手が多いことは知られています。

40歳を過ぎて退団したとして、その後20年あまり。選手以外で収入を得る道を見つけなければ、生活していくことができません。

日本の野球選手の年金は、わずか年間１００万円程度だと言われています。ひと月にして8万円ちょっと。これでは生活することは難しいでしょう。

野球選手は年俸が高額でうらやましいという思いがあるかもしれませんが、すべての選手が高額な年俸であるわけではありませんし、引退後の生活は決して楽なものではないのです。生涯賃金を考えると、特にそう言えます。

もし子どもがプロ野球選手になりたいと言い出したとき、親の立場からするとアドバイスには迷います。プロの選手になることを反対する親御さんもいますが、安定した人生を考えたら、それもわかるような気がします。

年俸が必ず上がるときとは

それでは、年俸制の選手たちは、どのようにして自分の給料を上げていけばいいのでしょうか。

当然ながら選手は、個人の成績を残すことに懸命になります。前年より高い成績を残すことが、年俸アップにつながる可能性があるからです。しかし高い成績を収めても、必ずしも大きな年俸アップになるわけではないことは、前述した通りです。年俸は、個人の成績だけでは単純に決められないからです。重要なのは、

A　チームとしていい成績を残すこと

B　個人でいい成績を残すこと

年俸をアップさせるには、この両方が条件となるのです。

球団における主な収入は、優勝できるかどうかで左右されます。優勝を狙える状態になると、その球団に対する人気が高まります。マスコミも注目することになります。それによって、入場者数が飛躍的に高まります。グッズの販売も当然ウナギ登りとなります。視聴率のとれる優勝をかけた試合はテレビ放映されますが、視聴率がとれる放映であれば、当然ながら放映料も高くなります。

これによって球団は潤うことになります。そして、収入が増えた結果として、それを選手に還元できるのです。ですから、どんなに個人としての成績を残したとしても、チームが優勝戦線にかかわることができなければ、残念なことに、球団としては収入がアップしないので、大きな年俸アップを見込めないと言えます。

反対に、個人の成績が去年とあまり変わらなくても、チームが優勝すれば球団は年俸を上げる原資を持つことになります。

選手にとって大切なことは、第一にチームが優勝すること。次に個人の成績を高めること。この順序は大変重要です。そしてこの両方が揃わなければ、年俸アップは期待できないのです。

野球はチームワークを重視します。自分の仕事をやりきって他に迷惑をかけないこと。打者は打者の役割、投手は投手の役割を、しっかり果たすことです。チームワークがよいことは勝率を高め、ひいては各選手の年俸を増やすことにつながります。

選んだ職業でこれだけ年収が違う

ところで、日本にはさまざまなプロスポーツがあります。たとえば、競馬騎手（ジョッキー）や力士、ボクサー、ゴルファー、サッカーといったスポーツ選手です。もちろん、私たちも社会人として仕事をし、給料をもらっているという意味では例外なくプロの一員です。

さかのぼることおよそ400年前の江戸時代では身分制度があり、職業を自由に選ぶことはできませんでした。武士なら武士、商人なら商人、農家なら農家でした。生まれた家で職業が決まっていました。

現在、世の中には3000種以上の職業があると言われています。どの仕事を選ぶかは本人の自由です。自分のやりたい仕事に就くことができます。しかし、選択が自由であるがゆえにどう進んだらいいのかわからない、自分がどんな仕事をしたいのかわからないといった悩みが生まれます。

あなたは今の職業をどうして選択したのでしょうか。これから就職する人でも、進みたい道がある方は、どうしてそう決意したのでしょう。もちろん、職業を選ぶときの要因は人によって違います。しかし、職業を選択する際に、収入といった面は無視できないはずです。なぜなら、生活していかなければならないからです。

職業を選ぶときに収入を重視するなら、収入の多い仕事を選ぶことがポイントになります。それも一時的な収入ではなく、一生涯を通じた収入、つまり生涯賃金の高い職業を選ばなくてはなりません。

日本でもっとも生涯賃金が高い職業はパイロットだといわれています。パイロットの生涯賃金は5億円だそうです。純粋に高い収入を得たいのであれば、パイロットになるという選択肢があるということです。

プロスポーツの中でも野球と並んで人気の高いものとして、サッカーがあります。日本では特にJリーグ発足以来、野球に勝るとも劣らない人気を得ています。Jリーグでプロのサッカー選手を目指した選手は、どういったことを考えて選手になったのでしょうか。

プロ野球選手の平均年収は3000万、Jリーガーの平均年収は2000万です。収入面だけを考えたら、Jリーガーよりも野球選手が良いということになります。もしすべての人が収入のことだけを考えたら、Jリーガーを目指す人は誰もいなくなってしまうかもしれません。

しかもサッカー選手は、野球選手と比べて選手としての寿命も短いと言われています。ほぼ30歳前に引退という道をたどります。野球選手よりも平均10歳も選手生命が短いということです。プロ選手として活躍できる期間が短いということは、プロサッカー選手として獲得できる生涯賃金も、野球選手より少なくなるということです。野球選手と比べても恵まれているわけではありません。

しかし、それでもプロのサッカー選手を目指している人がいます。今日も日本のどこかのアマチュアのサッカー選手が、将来のJリーガーを目指しているでしょう。要は、人は職業を収入だけで選んでいるわけではないということです。

では、何を考えて選んでいるのでしょう。自分の好きなことをやれるという喜びです。自分の好きなスポーツができる、そのうえ収入がある。この順序で仕事を選んでいるのです。だからこそ、彼らがフィールドで戦う姿は感動を呼び起こすのでしょう。

自分の好きなことに一生懸命取り組んでいる。それを見ている観客に勇気や喜びを与えることができる。これが野球選手やサッカー選手という道を選ぶときの大切な視点だと言えるでしょうか。

職業によって、年収は自ずと決まっています。あなたがやりたいと思った仕事の年収には、おおよその枠があります。業界別の年収を見たとき、あなたは心が動くでしょうか。きっとそんなことよりも、自分がやりたい仕事に目が行くでしょう。仕事を選ぶということは、自分の好きなことをやり続けることの喜びを感じるということです。そしてその背景には使命感があることをいつしか知ることになるでしょう。

スポーツを例に、個人と組織の関係をおおまかに見たところで、今度はいまあなたが働いている場所で、どうしたらさらに収入を増やせるのか、具体的な方法を探っていくことにしましょう。

第二章　なぜ、歩合給の会社がダメになるのか

給与項目のカラクリを知る

この先の話を理解するのに重要な、「給料の中身」について、ここでおさえておきたいと思います。

まず、「給料」と一口にいっても、いくつも項目があることはご存じでしょうか。私たちが普段「給料」と言う場合は、毎月現金で支給されている給与を指したり、ボーナスと合わせた年収のことを指したりします。あいまいな感じで使っていますが、「給料」とは正確に言うと、毎月支払われる「所定内給与」、残業手当に当たる「時間外手当」、「賞与・一時金（ボーナス）」のことを指します。この三つを合わせて、人事や経理の世界では「現金給与（A）」と呼んでいます（図表1）。

総額人件費
462,329円
100.00%

現金給与総額（A）
374,591円
81.02%

①所定内給与	277,246円
②時間外手当	26,733円
③賞与・一時金	70,612円
合　　計	**374,591円**

現金給与以外の人件費（B）
87,738円
18.98%

④退職給付等の費用	27,517円
⑤法定福利費※1	46,456円
⑥法定外福利費※2	9,555円
⑦現物給与の費用	989円
⑧教育訓練費	1,541円
⑨その他※3	1,679円
合　　計	**87,737円**

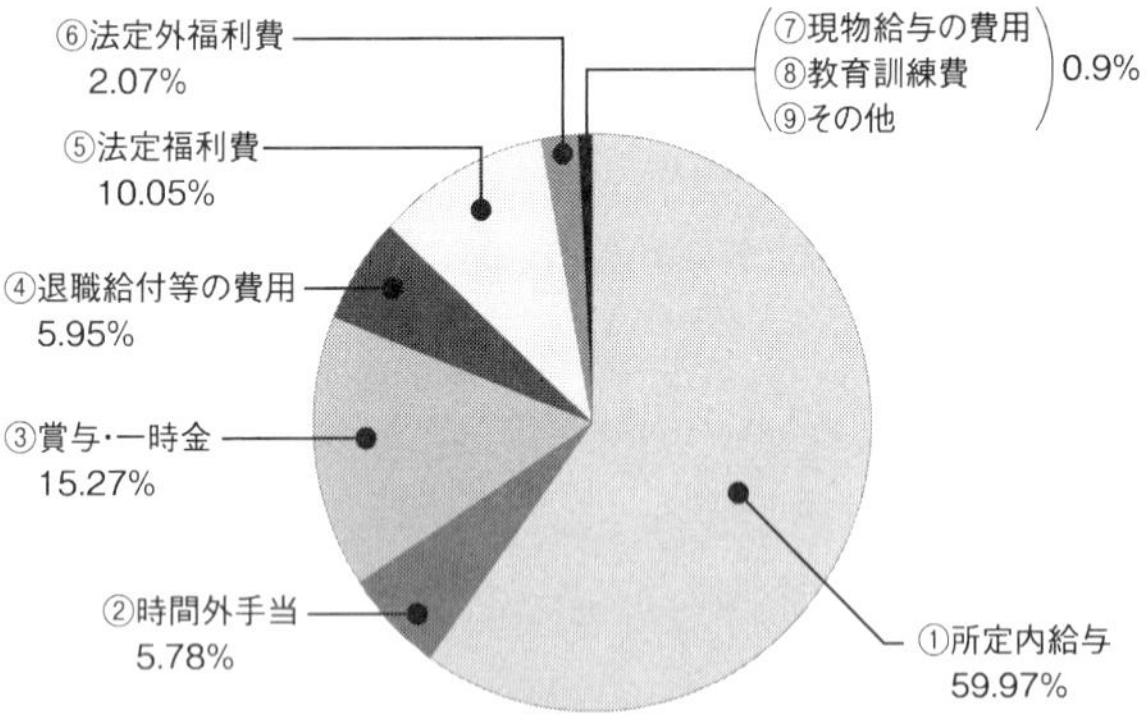

※1　法定福利費（健康保険、厚生年金保険、労働保険等のうち事業主負担分）
※2　法定外福利費（住居、医療保険、食事、私的保険、文化、体育・娯楽、労災付加給付、慶弔見舞、財形奨励金等に関する費用）
※3　その他（募集費、転勤に要する費用、社内報、作業服）

図表1　総額人件費（月平均）の内容

（出所：厚生労働省「平成18年就労条件総合調査」
厚生労働省「平成18年賃金構造基本統計調査」）

現金で支給される「現金給与」の三つの項目は、一種の〝トレードオフ〟の関係にあります。つまり、会社から支払われる金額（三つの合計額）はすでに決まっているのです。三つのうちのどれかの支給項目の金額が増えれば、別の支給項目の金額が必ず減ります。買い物と貯金の関係のようなものです。買い物が増えれば、貯金は減ります。貯金を増やすためには、買い物を減らさなければなりません。

この所定内給与と残業（時間外）手当、賞与・一時金の合計額は、会社の業績に影響を受けます。もし、残業手当が増えているのに会社の業績が変わらないということであれば、支払われた残業手当の分だけ、賞与は間違いなく減ることになります。逆に、残業をしなくても業績を上げることができれば、その分は賞与として支給されることになります。支給されるときの項目名がなんであろうと、社員が受け取る「現金給与」の合計金額は同じです。

毎日付加価値を生まない残業をして手当をもらい、その分少なくなった賞与をもらうか、効率よく仕事をし定時で帰って残業手当はもらわず、その分を賞与としてもらうか、あなたならどちらがよいでしょうか。

ある会社の社員はこう答えました。

「賞与は、そのときにならないともらえるかどうかわからない。支給の仕方について説明を受けたことだってない。だったら、前もって自分で計算できるし、残業手当でもらったほうが確かでいい」

とても笑うことはできません。

確かに、残業手当として支給されたとしても、その残業が、残業手当を支給するのにふさわしい仕事の仕方をしていたのなら問題はありません。しかし、8時間でできる仕事を10時間に引き延ばしていたとすれば、自分の能力を低下させて残業した上に手当を受け取ったことになります。そのままでは、自分の仕事の能力もますます下がってしまいます。

能力を下げて永続的に収入を増やそうというのは、土台無理な話です。これに気がつかないと、大変な結果が待っています。近い将来、そのツケを自分で払うことになるでしょう。もっとも、社員の不安である「賞与がどのように分配されるかわからない」という疑問に、経営者が答えることも大切です。この「わからない」という不安の内容をもう少し詳しく見ると、次のようになります。

・賞与の原資がどのように計算されているか、わからない

・賞与の配分がどのようにされているか、わからない

これらの計算式は、経営者の頭の中には必ずあるものです。中には「勘で決めている」という経営者もいますが、勘で決める際に考えていることがわかれば、計算式は簡単につくりあげることができるのです。それらを「可視化＝見える化」しない限り、社員の不安を払拭《ふっしょく》することはできず、賞与の不満で人が流動することになります。

賞与の不平不満は、ほとんどが、「賞与がどう決まっているかわからない」ことからきます。賞与の金額そのものに対する不平不満ではありません。言い換えれば、社員の将来への不安とも言えるでしょう。

どうして「給料の3倍稼がなければならない」のか

本題に入る前に、もう少し基本的な話にも触れておきましょう。

会社に入社すると、営業社員は「自分の給料の3倍の付加価値（粗利）を稼げ」と言われたりします。どうして3倍なのか、3倍という数字はどこからきているのか、不思議に思う人もいるのではないでしょうか。その原理は、先の図表1で読み解くことができます。

給料は細かく見ると、「所定内給与」と「時間外手当」と「賞与・一時金」を足した「現金給与総額」のことを言うというのは前述しました。それ以外の〝現金で支払われない給料〟として、「現金給与以外の人件費（B）」というものがあります。雇う側は、このAとBを合わせて「人件費」と呼んでいます。ポイントは、社員が考えているいわゆる「給料」と、会社がとらえている「人件費」が一致していないという点です。

「現金給与以外の人件費」の内訳は以下のとおりです。

・退職給付等の費用（退職年金、退職一時金、中退金等への掛金）
・法定福利費（健康保険・介護保険、厚生年金保険、労働保険等のうち事業主負担分）
・法定外福利費（住居、医療保険、食事、私的保険、文化、体育・娯楽、労災付加給付、慶弔見舞、財形奨励金等に関する費用）
・現物給与の費用
・教育訓練費
・その他（募集費、転勤に要する費用、社内報、作業服）

会社には、本人に現金で支給している給与以外にも、会計上、給与として支給しているものがあるということです。社員のほうは、毎月受け取る所定内給与や賞与が自分のもらっている給料だと認識しています。場合によっては、それだけが給料だと考えていることもあります。

ところが実際には、それ以上の給与が、現金以外の形で費用として計上されているのです。厳密には、現金給与以外のお金も含めて、社員一人当たりの給料と言えるのです。

会社にとっても、毎月、社員に支払っている給料だけを人件費と考えていると、決算時の人件費と一致していないことに気がつきます。現金で支給されていない給料もあるということです。これが把握できていないと、会社がかけている人件費が正確につかめなくなります。ですから経営者は、現金給与以外にどんな給料があるのか、その割合を把握しておかなければなりません。

たとえば、年に1回の昇給といっても、増えるのは全社員の昇給した金額の合計だけではありません。それ以外の給料も同時に発生するという事実を知っておかなければならないのです。そのためには「人件費係数」の把握が必要となります。計算式は次の通りです。

人件費係数＝毎月の給料÷人件費

この人件費係数は、企業によってさまざまですが、1・6〜1・8が一般的です。つまり、毎月の給料×1・6〜1・8の金額を人件費として支払っているのです。

仮に毎月30万円支給されている社員がいるとします。人件費係数が1・6の会社であれば、最終的にその社員に支払っている人件費は48万円ということになります。

人件費は、その会社が稼いだ利益から支給されることになります。仮に、会社の労働分配率（詳細は98ページ）が50％あるとすれば、その社員は次のような計算から、96万円の付加価値を稼がなければなりません。

48万円　÷　50％　＝　96万円

つまり、社員に支払われる給料30万円の3倍の96万円を、毎月稼ぐ必要があることになります。そして、粗利が30％だとすれば、次のような計算から、その社員は320万円の売上げを上げなければならないことになります。

96万円　÷　30％　＝　320万円

以上の関係を図で表すと、図表2のようになります。

営業社員が営業活動をするためには、そのためのスタッフ部門があります。スタッフ部門とは、その営業社員の活動を支援する組織です。たとえば、人事・総務部門や、経理・財務部門ということになります。営業事務部門も商品開発部門もあります。この組織があるために、営業社員は自分の営業活動に、すべての時間を投入することができます。組織上の役割分担です。その部門の人たちの分も、営業社員は稼ぎ出さなければなりません。そ

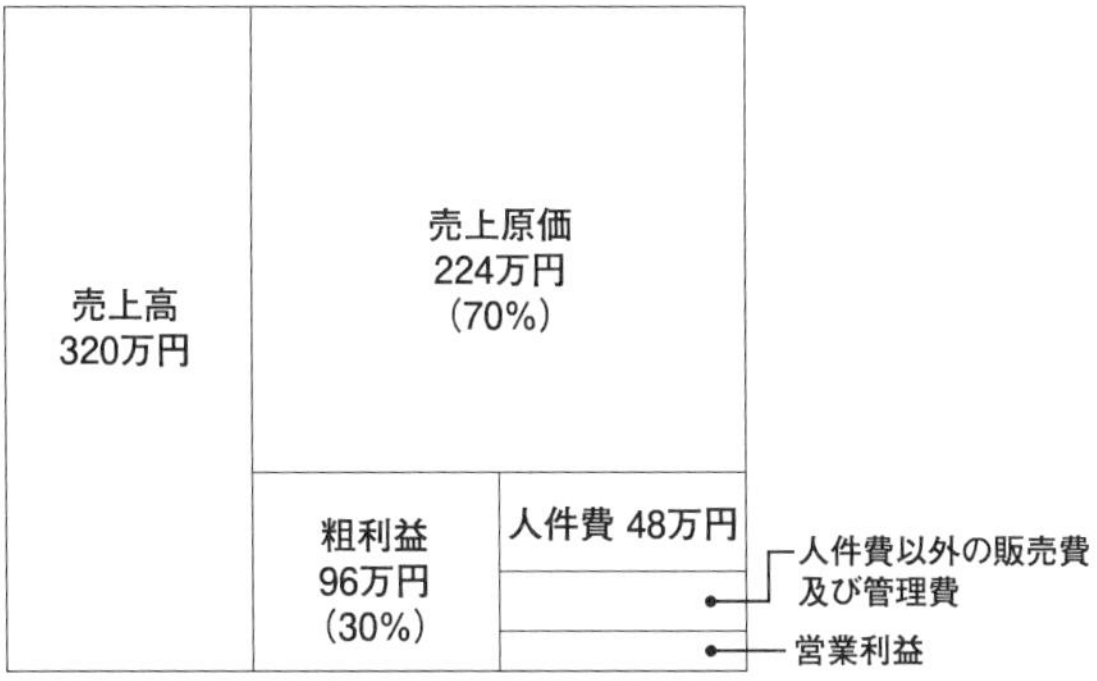

仮に、会社の労働分配率が50％あるとすると、社員は96万円の付加価値を稼ぐ必要がある。粗利が30％なら、社員は320万円の売上げを稼がねばならない。

図表2　人件費と会社の売上げの関係

のため、自分のもらっている給料の3倍以上の付加価値を稼がなければ、会社は存続できないというわけです。

歩合給の落とし穴

さて、ここまで給料についての基本的なことをおさえた上で、なぜ、多くの人のやる気を引き出し、成果に応じて給料が支払われる「歩合給」というシステムが、社員にとっても会社にとっても、結果的によくない結末を迎えてしまうのか、そのカラクリを見ていくことにしましょう。

営業社員の求人広告に謳《うた》われている内容に、共通すること——それは「高収入」を前面に出していることです。入社すれば、高い給料が得られることを強調しています。たとえば、「即戦力求む。当社は歩合給のため高収入が得られます」という一言です。高収入を得られるというのは応募者にとって魅力的でしょうし、歩合給ならば社員の採用にリスクがなく、企業にとっても安心です。最も合理的な給料の支給方法です。

高い売上げを上げればそれに合わせて多額の歩合給が出るということは、裏を返せば、売上げがなければ歩合給はゼロということです。こういうことを求人広告に掲載している会社の営業社員の基本給は、当然ながら低くなります。

歩合給の割合が大きいほど、基本給は少なくなります。会社によっては、基本給そのものが、法律で定められた最低賃金を下回るケースすらあるから驚きます。応募するほうは、そのリスクを十分に考えなければなりません。営業力に自信があるなら、歩合給によって高収入を得ることにチャレンジしてみるのもいいでしょう。

しかし、どの世界でも共通して言えることですが、高収入を得られる社員というのは、実際のところ、ごくわずかです。ほとんどの社員は、会社が望むような成果を上げることができません。

ある保険会社では、「実績に応じて歩合給が支給されるので高額な収入を得られます」と説明しています。しかし、保険の営業で成果を上げるのは、そんなに簡単なことではありません。入社した社員は、まず自分の家族の保険の契約を結び、次に親戚、やがて知人や友人を頼って営業をします。そうしてようやく、ある程度の収入を得ることができるというのがお決まりのパターンです。

ある程度の収入は得ることができても、その先は大変です。まったく知らない見込み客を訪問し、契約を結んでもらわなければならないからです。また、契約を継続してもらわなければ、高い収入を継続して得ることはできません。

私たちは収入をベースにして生活をしています。年収300万円であれば、300万円をベースに生活をします。年収500万円であれば、500万の収入で生活を成り立たせようとします。

では、ある月は100万円、ある月は20万円、ある月は50万円と、収入が安定しなかったらどうでしょうか。

どの経済レベルで生活をすればいいのかわからなくなってしまいます。本来なら、いちばん少ない収入を基にして生計を立てれば、安定した生活を送れます。しかし、人間はそう単純ではありません。高い収入を得れば、高い収入が継続すると錯覚し、生活のレベルを大きく変えてしまいます。

この経済的な水準の大きな変動は、よっぽどタフな精神力を持っている人でない限り、精神的にも大きなダメージを与えます。高い収入を得たり、低い収入になったりするということは、安定収入とまったく逆です。安心して仕事ができません。最近は、一部の保険会社が歩合給の割合を減らして固定給の割合を増やしましたが、社員の安定成長を支える好ましい改善です。

ともかくも、応募する側は、誰でも高い歩合給を得られると皮算用をして簡単に仕事を選ぶと、あとで結局自分が苦労することになります。

歩合給社員は孤立し、思ったような成果が上げられない

ではなぜ会社にとっては一見、合理的に見える「歩合給」が、組織全体の売上げにつながらないのでしょうか。一人ひとりの成果が思ったように出ないということはもちろんありますが、それ以上に大きな問題が出てきます。

通常、企業に入社するということは、その組織の一員になるということです。社員として組織の中の役割を分担し、分担された仕事をやり遂げることで、組織全体の目標を達成しようとします。ですから普通に入社した社員には、自ずと、お互いに協力し合って全体的な成果を目指そうという考え方が生まれてくるものです。

ところが、歩合給社員にはその意識がありません。すべての社員が、個人事業主のような立場で仕事をすることになるからです。組織の一員であるという意識も、お互いに協力し合う気持ちも、さらさらありませんから、組織風土の中で重要な〝感謝〟の気持ちを持つことがありません。

個人事業主のような立場である以上、社員は自分の収入が最大の関心事です。自分の収入に最も関心があるということは、すべてのことを自分中心に考えることにつながります。自分のお客様は自分のお客様、他人のお客様は他人のお客様としか考えません。自分のお客様から成約を獲得するためには最大限の努力をしますが、他の社員が苦労していても、快く協力することはありません。同僚や部下の成約に協力したとしても、自分の歩合給が増えるわけではないからです。同じ組織に所属しながら、共通のゴールを目指すということを考えられない人たちばかりが働いていることになります。

こうした〝歩合給思考〟の社員が、一人、二人と増えると、会社はどうなるでしょうか。当然、社内の雰囲気は悪くなります。社内の誰かが成果を上げたとしても、「おめでとう」や「よかったね」という言葉が、心のこもったものになることはありません。さらには、お客様をすべて自分のものにしたい、という意識すら生まれてきます。自分の仕事を完結し成果を上げれば収入を得られる仕組みが、社員にそういう行動をとらせてしまうのです。

詳しくは三章で書きますが、こうして孤立した社員は、情報の共有ができず、ゼロからすべて一人でやろうとするため、効率的に物事を進めることができません。結果的に各社員の売上げは思ったように伸びず、会社全体の売上げが落ちることになります。

そしてもっとも重要なことは、「営業社員だけで成り立つ会社は一つもない」ということです。歩合給は、営業が対象になることの多い給料制度ですが、組織全体から見ると、そのことが組織に与えるマイナスの要素のほうが、実は多くなってしまうのです。

利益は営業社員だけが生み出しているのではない

組織の中にはさまざまな職種があります。営業職、仕入職、生産職、工事職、配送職、サービス職、研究開発職、企画職、事務職などです。このさまざまな職種に属する社員が、組織上の役割分担をして、全体の経営目標を実現しています。役割分担している社員が、それぞれ役割を果たさなければ、経営目標は達成できません。営業職だけがどんなに活躍しても、経営目標の実現は到底、無理です。

生産職は製品を作ることが仕事です。予定された生産量を、予定の期間に計画された製造原価で生産する役割があります。当然ながら、生産されなければ営業はできません。営業社員が利益を獲得できるのは、利益の出る製造原価で生産したからです。営業社員に歩合給があるのであれば、その一部は生産社員に分配されるべきものです。

仮に、生産社員が、製造原価を削減する方法を開発したらどうでしょう。原価が以前と比べて10％ダウンしたことがわかったら、利益に貢献した金額も具体的に計算可能です。そのことに対して、歩合給の代わりに、1％の〝製造原価削減給〟といったものを支給している会社はあるでしょうか。

また、仕入職は、どの企業でも重要な職種です。「利の基は仕入れにあり」と言われています。仕入社員は、1円でも安く仕入れることが役割です。他の競合企業よりも安く仕入れることができなければ、営業社員は他の競合企業に見積もりで負けてしまいます。仕入社員がいなければ営業活動はできません。

営業社員の利益には、仕入社員の努力の結果が間違いなく含まれています。この仕入社員が、交渉力を発揮して、今までの通常の仕入価格の10％、安く仕入れることができたらどうでしょうか。営業社員の歩合給があるのなら、〝仕入原価低減給〟が支払われてもいいはずです。しかし、そういうことをしている会社はほとんどありません。

研究開発職は、新しい商品やサービスを開発することが仕事です。すべての商品・サービスには寿命があります。導入期・成長期・成熟期・衰退期の4段階です。これをライフサイクルといいますが、この運命から逃れることはできません。たとえば、コンピュータの記録媒体の主力商品は、この30年間に何度も変わりました。最初は磁気テープ、次にフロッピィディスク、ハードディスク、CD-ROM、MO、DVD、今はブルーレイディスクが出始めています。どんなに営業社員に営業力があっても、主力商品となる商品を開発しなければ、売ることさえできません。仮に、研究開発社員が、他社に先駆けて新商品を開発し爆発的な売上げを上げることができたらどうでしょうか。この商品が売れたのは、営業力よりも商品力であることは誰の目にも明らかです。

事務職は企業の人とお金に関する仕事を行う職種です。基本的には、売上げや利益を生み出す職種ではないと考えられています。しかし、ある住宅販売会社には、優秀な事務社員がいました。問い合わせの電話をかけてくる見込み客に対して上手な対応をするために、来社の確率が格段に高くなります。来社した見込み客に対して、今度は営業社員が営業活動を行います。

さて、この見込み客が最終的に家を購入したらどうでしょうか。事務社員に歩合給は必要ありませんか。事務社員には「ありがとう」のお礼だけで、営業社員が歩合給をいつも通りに受け取ったら、事務社員は、それをどんな気持ちで見るのでしょう。

また、ある事務社員は、会計処理の仕方を工夫しました。通常、1カ月に30時間かかる会計データのコンピュータ入力を、半分の15時間に削減しました。1カ月当たり、1万5000円の人件費の削減です。一年間では18万円の人件費の削減です。10年間では180万円の削減です。人件費の削減は同時に利益の増大につながります。では、この社員に〝経費削減給〟は支給されるでしょうか。

ほとんどの場合、歩合給を支給されるのは営業職です。確かに「営業なくして事業なし」です。実際、社外から直接利益を獲得するのは、営業社員です。否定はできません。しかし、営業社員の活動にだけ歩合給を支給することは、組織の役割分担を否定することにつながりかねない危うさをはらんでいるのです。

それぞれが自分に与えられた仕事をしっかりとやり遂げている。その評価も高い。なのに、営業社員だけが特別に歩合給を受け取っている。このことに納得している社員は一人としていません。そのため、営業社員が歩合給をもらっている企業では、組織風土が日を追って悪くなる一方です。歩合給制度がなくならない限り、組織風土がよくなることも、会社の成長が続くこともないと断言できます。

優秀な営業社員はマネージャーを拒否し、組織はさらにバラバラになる

次のような展開も待ち受けていることでしょう。

仮に、一人の営業社員が高い成果を上げ成功し、高収入を得られるようになったとします。組織の中で高収入を得ているという意味では上位にランクされ、一目おかれるようにすらなります。営業力があってお客様を継続的に開拓することができれば、その会社のシステムでは上限なしに高い収入を得ることも夢ではありません。場合によっては、会社の中でも部長クラスに匹敵するような収入を得ることも年齢に関係なく可能です。

高い成果を上げ続けると、その社員に対して、例外なく、ある提案がなされます。「マネージャーにならないか」。高い成果を上げられる社員には、マネージャーになって若い社員を育ててもらいたい、という思いが組織から出るのは当然のことです。

しかし、残念なことに、歩合給をもらっている社員は、その提案を辞退するでしょう。役職に就くことに対して、何らメリットを感じないからです。

そもそも、その社員自身、社内の誰かから指導をされて、高い成果を上げたわけでもありません。自分で苦労しながら、現在は高い収入を得ることができるようになった、それも自分で工夫したやり方で、継続して成果を上げられるようになったのです。今さらどんなメリットがあって、役職に就き、人を教えるなどという面倒な仕事に取り組むというのでしょうか。今後も自分一人で成果を上げて収入を増やしていければいいのです。他の仕事に挑戦する必要性も感じられません。

歩合給を採用している会社では、こうして孤立した考え方の社員が増えてしまうのです。組織とは、自分の収入を上げる場にすぎない、数字を上げればそれでOK、同じ会社にいる人がどんなことになっていようと関係なし。何のために時間を費やし、働くのか、その意味を見いだせない社員は、仕事のやりがいや働く喜びを感じることもないでしょう。順調に稼げているときはまだしも、物事がうまく進まなくなると、次の転職先を探し始めるかもしれません。数字というプレッシャーに耐えられず、ある時、ポキッと心が折れてしまうかもしれません。

悲しいかな、そうした社員を育ててしまったのは、その組織の給料制度であることは間違いありません。給料制度が、社員の考え方・生き方にまでも影響を与えてしまうのです。

なぜ給料の多さで会社を選ぶと転職回数が増えるのか

給料に関心を持つなというのは土台無理な話です。

けれども、仕事を選ぶ基準が給料だけ、という人に降りかかる問題があります。一つは、

「他の会社よりも給料がいい」ことだけで会社を選ぶ人は、そうでない人たちに比べて、転職回数が多くなるという事実です。

通常、給料というのは、仕事を覚え、社員として成長することによって増えていくものです。ところが、結果がすべてという会社にいる社員は、そういう考えを持てません。自分が成長しようがしまいが、結果を出せば高い給料が獲得できる。単純にそう考えていたら、いつも給料のことに関心がいきます。求人広告を見るときも、仕事の内容より真っ先に、給料の金額に目がいくでしょう。就職しても、そのことが頭から離れません。

そういう人たちは、職場で問題が発生すると、解決する道よりもまず「転職」を考えます。どんな仕事であれ、問題はつきものですが、自分第一の考えのもとでは、身に降りかかる面倒なことがすべて嫌になるのです。本来、そうした問題を乗り越えることで、人は成長し、喜びを得、さらに大きな仕事を通して、新たな学びを獲得していくものです。しかし嫌なこと、面倒なことに取り組まなくても、いくらでも自分に高い給料を払ってくれる会社はある――こういう思考回路になってしまうのです。

問題が発生したときだけでなく、給料に関することに少しでも不満が出てくると、いとも簡単に辞めてしまいます。最悪の場合、会社に不平不満がないにもかかわらず、常に求人誌を見ていて、少しでも多くの給料がもらえる会社に転職しようと考えていることもあるのです。

ある年齢まで、その働き方は通用するかもしれません。しかし、それが認められるのも35歳までです。一般的に、就職適齢年齢は35歳までです。35歳を超えると、グッと求人数は減ります。35歳を過ぎたら就職はまず困難、と考えたほうがいいくらいです。たとえ就職できたとしても、給料の大幅ダウンは避けられないでしょう。それだけではありません。もっと大きな経済的損失があります。

転職回数が多いほど生涯賃金は低くなる

生涯賃金とは、一生で受け取る賃金の合計額です。もともと職業によって違いがありますが、同じ職業によっても生涯賃金は異なります。

もっとも多く生涯賃金を受け取ることができるのは、同じ会社に定年年齢まで勤め上げた場合です。新卒で入社し、職場で発生する問題を自分の成長の糧《かて》として取り組みながら、40年以上勤務を続けた場合です。一方で、最も生涯賃金が少ない社員はというと、転職回数が多い社員です。給料が高い会社を積極的に探しまわったのに、生涯賃金は最低になってしまうのです。

少し意外に思うかもしれませんが、理由は二つあります。

一つは、転職後の給料は思ったようには増えない、という事実です。転職回数が多いと、一つの仕事にじっくりと取り組むことがないため、実力がついていないことが多々あります。採用面接で上手に自分をアピールすることはできても、勝負は入社後です。中途採用している会社の経営者が、口を揃えて言うことがあります。

「面接時に聞いた通りに仕事ができる人はまずいない」

ある経営者は、その確率を10％以下と呆《あき》れ顔で言います。こんな場合の経営者のとる行動は同じです。採用した社員の給料を、数年間ほとんど増やさないということです。

もう一つは賞与です。中途採用で入社しても、入社後1年間くらい、通常の計算通りには支給されません。一般的に、「寸志」や「嗜好料」として小額が支払われます。ほとんどの場合、賞与は出ないと考えておくべきです。つまり、入社後1年間は、賞与がないというわけです。これが現実です。

せっかく給料を増やそうとして転職したのに、結果として、生涯賃金を減らしてしまうことになります。生涯賃金を増やしたいのであれば、転職はしないことに限ります。

給料制度がある会社では、「モデル賃金」というものを公表しています。新卒で入社して定年で退職するまで、各年齢で、どれくらいの賃金を獲得する可能性があるかを示したものです。転職回数ゼロの場合のモデル賃金と転職6回の場合のモデル賃金を比較すると、5%くらい、年収が低くなっています（図表3）。

このデータ分析からわかる明確な結論は一つ、「転職して生涯賃金が増えることは少ない」ということです。あったとしてもほとんど例外と言えます。

給料で社員を採用する会社は、給料の不満で社員が辞める

世の中には皮肉なことがいろいろあるものです。社員と組織の関係が、「給料」だけでつながっている場合は、それが顕著です。

「高い給料を出すから、うちに入らないか」と、給料を強調して社員を採用する会社では、社員のほとんどが「給料の不満」で辞めていきます。ほかの会社とも比較が簡単にできるので、決断は早いのです。

「どこどこで募集している会社は、ここよりも給料が高い」といった情報を手にすれば、さっそく行動に移ります。辞めるときに、直接、経営者に給料の不満を口にすることは少

A:転職回数ゼロ

勤続年数	対象年齢	基本給	諸手当	合計	賞与	年収
0	18	160,000		160,000	200,000	2,120,000
1	19	165,400		165,400	413,500	2,398,300
2	20	170,800		170,800	427,000	2,476,600
3	21	176,500		176,500	441,250	2,559,250
4	22	182,200		182,200	455,500	2,641,900
5	23	188,200		188,200	470,500	2,728,900
6	24	193,200		193,200	483,000	2,801,400
7	25	198,200	10,000	208,200	495,500	2,993,900
8	26	204,700	10,000	214,700	511,750	3,088,150
9	27	211,200	10,000	221,200	528,000	3,182,400
10	28	217,700	15,000	232,700	544,250	3,336,650
11	29	223,200	25,000	248,200	558,000	3,536,400
12	30	229,000	28,000	257,000	572,500	3,656,500
13	31	234,800	28,000	262,800	587,000	3,740,600
14	32	240,600	30,000	270,600	601,500	3,848,700
15	33	246,400	40,000	286,400	616,000	4,052,800
16	34	251,500	40,000	291,500	628,750	4,126,750
17	35	256,600	40,000	296,600	641,500	4,200,700
合計						57,489,900

B:転職回数6回

勤続年数	対象年齢	基本給	諸手当	合計	賞与	年収
0	18	160,000		160,000	200,000	2,120,000
1	19	165,400		165,400	413,500	2,398,300
2	20	170,800	転職	170,800		2,049,600
3	21	176,500		176,500	441,250	2,559,250
4	22	182,200		182,200	455,500	2,641,900
5	23	188,200		188,200		2,258,400
6	24	193,200		193,200	483,000	2,801,400
7	25	198,200	10,000	208,200	495,500	2,993,900
8	26	204,700	10,000	214,700		2,576,400
9	27	211,200	10,000	221,200	528,000	3,182,400
10	28	217,700	15,000	232,700	544,250	3,336,650
11	29	223,200	25,000	248,200		2,978,400
12	30	229,000	28,000	257,000	572,500	3,656,500
13	31	234,800	28,000	262,800	587,000	3,740,600
14	32	240,600	30,000	270,600		3,247,200
15	33	246,400	40,000	286,400	616,000	4,052,800
16	34	251,500	40,000	291,500	628,750	4,126,750
17	35	256,600	40,000	296,600		3,559,200
合計						54,279,650

●基本給、諸手当は同額で計算。賞与は2.5ヶ月分、転職した1年目は、賞与0とする。

図表3　35歳までに転職回数6回の人と0回の人の生涯賃金比較（モデル賃金）

ないにしても、実際、金額の大きさに飛びつき、いとも簡単に転職します。どんな経営理念の立派な会社でも、経営者が大きなビジョンをもっていたとしても、実際に社員をどう評価し、給料を払っているか、という事実が、社員の行動を決めてしまうのです。当然、会社の定着率は低くなります。

定着率の低い会社に残された社員は悲惨です。会社は、再び不足した人員を補充しなければなりません。このときにかかる「募集費」というのがくせ者です。

「募集費」とは、結局、前述した「人件費」の一部です。定着率の低い会社は、求人広告チラシや求人雑誌を使って、新たな採用に余分なコストをかけることになりますから、「募集費」が膨大になります。

これが実は、他の人件費項目の金額を圧迫することになります。圧迫されて金額が減るのは、具体的には、残っている社員に支払われる「昇給」と「賞与」です。しかしこれでは、真面目に働いている社員が納得しません。この事実が知らされていなくても、実際、昇給は低いまま、賞与は小額になりますから、ほかの社員までもが、転職を考えることになります。

こうして、人員流動の負のスパイラルに陥ってしまうのです。

「なぜうちの社員は定着しないのか」と経営者は頭を抱えることになるかもしれませんが、こうした「外部から即戦力を高給で雇う」という考え方を根本から見直さない限り、人の流動を止めることは難しいでしょう。はじめから給料だけを目当てにしていた社員ならまだしも、経営者の考えや価値観に共感していた古参社員まで転職するような事態になると、組織全体に与える影響は、経営者が想像するより大きいものです。

なぜ職場を「自己育成の場」と考える必要があるのか

働く側にしてみれば、給料は多いほうがいい。もちろん、そうです。しかし、ここまで見てきてもわかるように、目先の数字に飛びつくだけではうまくいかないことは事実です。

実は給料には、正しい増やし方というものがあります。次章で儲かるカラクリを見る前に、この大原則を、経営者も社員も知っておく必要があります。

そもそも給料とは、「社員の成長に合わせて増えていくもの」です。当たり前のこと、と思う人もいるかもしれません。けれども、一時期流行したいわゆる成果主義の考え方が、まだまかり通っている現在、この原則をおさえておくことは大事です。

給料が社員の成長に合わせて増えるということは、急に増えることはないと言い換える

 こともできます。社員としての成長するには、時間がかかるからです。

では私たちは、どれくらいの年数をかけて成長するのでしょうか。定年まで勤め上げたとすると、四十数年です。何らかの理由で、途中で退職せざるを得なくなったとしたら、その年までです。つまり、社員として在職する間は、継続して成長することができるのです。それに合わせて給料は増えていきます（もちろん、会社全体の売上げが伸びる必要もあります）。焦りは禁物です。

そして会社側、経営者は、給料を出す以上に大切なものを社員に提供しています。当たり前すぎて、経営者も社員も、考えることすらないかもしれません。何かといえば、「成長の場を提供している」ということです。

成長の場ですから、もちろん、問題や困難が待ち受けています。それらをクリアしながら人間は成長していくのです。それがよろこびにつながります。会社から提供された成長の場を、社員はおおいに活用し、楽しむことです。こうした楽しみは、お金では決して買えません。

いわゆるロールプレイングゲームと同じ構造と言えるでしょう。最初は簡単な敵と戦いながら、経験値を上げていきます。その都度、必要なツール（武器）も手に入れます。そうして次々、強い敵と戦っていきますが、それまでの経験が役に立ちます。途中でリタイアしてしまったら、最後に待ち受ける最強の敵と戦う機会を自ら失うことになります。
会社で働いてもらえる「給料」よりも、「成長の場」を重視するほうが、何倍も価値があります。それを確かめることのできる、こんな話があります。

あるところに、釣りをしている老人がいました。とてもお腹がすいていたあなたに、その老人がたずねます。
「ここに朝から釣った魚があります。この魚を全部あげましょうか。それとも、魚の釣り方を教えましょうか。魚か、魚の釣り方か、どちらか一つをさしあげましょう」

さて、あなたならどちらを選ぶでしょうか。目の前の魚は何の苦労もなく手に入れることができます。とくに、いまあなたはお腹がすいていて腹ペコです。しかし、魚は食べてしまえばおしまいです。一時の空腹はしのげても、またお腹はすきます。魚の釣り方を学べば、これからずっと空腹から逃れられます。自分で食べたいときに魚を捕ることができます。

おそらく、10人中10人が、釣り方を教えてもらうのではないでしょうか。その選択は正しく、大切なことです。会社は、魚の釣り方を教えてくれるところです。それがわかったら、おおいに職場を活用してください。重要なのは、目の前のえさ（給料）に惑わされず、職業を選び、将来を考えて、じっくり仕事に取り組むことです。

Case1

㈱安藤嘉助商店〈住宅リフォーム業〉

報奨金制度を止めたことで顧客満足度が高くなった

社員数17人と少数ながら、売上高5億5000万円と大きな利益を上げている同社。より業績を伸ばすため、安藤社長が社内改革の一環として、営業職を対象にしたインセンティブ(報奨金)制度を導入した。たとえば、粗利200万円の契約を取り付けた営業職には、その20%にあたる額を支給する、といったように、成果に対して明確な対価を払うことを社員全員に伝えたのだ。

業績はどう変わったか。

その年は飛躍的に効果が出たという。インセンティブ制度を導入した後の1年間で、売上高は3億円から3億5000万円に。思ったように効果が出たため、社長は大満足だった。しかし、業績拡大という良い結果をもたらしたと同時に、社内にはいくつもの深刻な問題が持ち上がっていた。

まず、それまで和気あいあいと働いていた社員の顔から笑顔が消え、商談の詳細情報をお互いに隠すようになった。儲からない仕事は嫌がり、営業職でない社員との対立も起きた。

ますます深まる社内の険悪なムードに危機感を覚えた社長は、結局、2年後に制度を廃止し、商談のプロセスや顧客満足度を評価する方法に切り替えた。結果、1年で5000万円ほど売上高はダウン。しかし、顧客満足度を評価するようになったため、クチコミで評判が広まり、業績を持ち直したのだ。

失った好ましい組織風土も取り戻せたという。

Case2 評価をオープンにしたら、給料の不満が消えて売上げアップに

㈱シュウエイ〈練製品製造販売業〉

社員から昇給・賞与の算定基準を聞かれても、いつも答えられずに困っていたという秋元会長。自分自身も昇給・賞与を支給した後ですっきりしない状態が続いていた。

そんな中、昇給・賞与を決定する役員会議で「数字で表せるような評価方法はないものか検討したい」という意見が出るようになった。そうして評価と処遇の可視化に取り組む中で、会長はあることに気づく。

「社員が自分の処遇について質問しても答えをもらえなかったということは、昇給・賞与を増やす方法を教えてもらえなかったのと同じことだ」

これでは社員が成長するはずがない。そう考えた同社は、社員に対してどう成長してもらいたいのかというゴールを、成長予約シートというものにまとめた。そして、その結果を昇給・賞与にどのように反映させるのかという処遇の決定の仕組みも可視化し、すべてを全社員に説明した。

結果、社員は成長予約シートの中にある成長のゴールを意識して意欲的に行動するようになった。

なにより会長が驚いたのは、管理者の成長だった。社員を評価するということは、社員の人生を背負うに等しいという重い責任を自覚した管理者たちは、社員を成長させることに今まで以上に真剣に取り組むようになったのだ。

社内にあった人事制度に対する不平不満もほとん

ど感じられなくなり、会長にも、経営者としての余裕が出た。今までは評価や処遇に不平不満が出るたびに、その対応に膨大な時間を費やしたが、それもほとんどなくなり、経営者としての仕事に専念できるようになったという。

結果、過去10年間超えられなかった売上げ5億円の壁をすんなりと超えることに。利益も、評価の仕組みを変える前のなんと約500倍になった。

第三章　なぜ「ノルマ」「競争」「残業」が、会社の成長を止めるのか

社員の「目標管理」は、やがて「ノルマ」に変化する

「即戦力」ばかりに気をとられている会社によくあるパターンとして、社員にノルマを課し、競争させ、残業を奨励する傾向があります。経営者は、結果重視なのだから社員にはがんばってもらわないと、と思い、社員のほうも、仕方がないと考えているかもしれません。しかし、これら三つ「ノルマ」「競争」「残業」は、会社の成長を止め、社員の給与を下げる元凶であり、プラスに働くことは決してありません。

その理由を一つ一つ探っていくことにしましょう。

現在、上場企業の8割が、社員に「目標管理」を実施させていると言われています。目標管理とは、P・F・ドラッカーが『現代の経営（上）』の中で、最初に日本に紹介して

定着したことばです。ドラッカーは、「目標と自己管理によるマネジメントは、まさにマネジメントの哲学と呼ばれるものである」（Management by objectives and self-control may legitimately be called a "philosophy" of management）と書いています。

つまり、目標管理とは、「社員が自ら目標設定し、実現に向けて行動し、結果をチェック＝評価し、アクション＝改善内容を考えるという、〝セルフ・マネジメント・サイクル〟である」と紹介しました。

社員自身による目標管理というマネジメント手法は、経営者にとっては、取り入れやすい方法です。すべての会社には経営目標があります。全体の目標達成に向けてどのように組織を率いていくのか、経営者は常に頭を悩ませています。そのため、各自が目標を掲げ、達成に向けて行動してもらうという方法は、とても明確で、説明しやすいシンプルなやり方です。

ところが、目標管理を行っている会社ほど、社員が成長しない傾向が強くなります。経営者が目標を達成させようという意識があるにもかかわらず、社員がますますダメになる現実が待ち受けているのです。なぜでしょうか。

一言で言えば、会社側が、「目標の達成率であなたを評価します」とアナウンスしていることが最大の原因です。達成率で評価されるということは、社員にしてみれば、目標が低いほうが有利になります。目標を高くすれば、〝チャレンジ精神旺盛な社員〟という評価を受けることはあるでしょう。しかし、それは目標を設定した日だけのこと。次の日からは、その高い目標をクリアすることを強要されます。「こんなに低い達成率でどうするんだ！　自分で設定した目標なのだから、もっと本気で取り組め！」。上司のこんな叱責を、毎日のように受けることになるのです。

これが「目標管理」の実態ですから、社員はある行動をとらざるを得ません。目標を低くするのです。常々上司から言われていることを応用すれば、防衛策は立てられます。

「確かに、私はなかなか成長できていませんから、高い目標設定は無理です」

「基本から学べと言われている状態ですから、今年は、その基本を学ぶために、高い目標を設定するのはやめようと思います」

そうして低い目標設定を勝ち取った社員はうそぶくことでしょう。「よかった。うまいこと目標を低く設定できた。これから大きな成果を出して、達成率を120％にでもして高い評価を得よう」。ところが残念なことに、それが現実になることは、ほぼありません。

実際、社員は、自分の掲げた低い目標を、毎日毎日、目にすることになります。すると、いつしかそれをクリアすればいいという意識が生まれ、最低限のラインしか達成できなくなるのです。

本来であれば、高い目標設定をして自分を成長させようと思っていたはずの社員が、「達成率評価」の犠牲者として、低い目標設定をし、成長のできない社員になってしまいます。これでは目標管理を何のために導入したのかわかりません。

会社としても経営が成り立たなくなっていきます。そこで、社員の「目標」より高い「ノルマ」を課すのです。「君ならこのぐらいの成果を上げることができるだろう」。自発的な「目標」は「ノルマ」に変化し、社員のやる気をますますそぐことになります。

ちなみに、目標管理を導入している会社では、次のような矛盾が生じることも多々あります。「達成率で評価する」としながら、実際はそうでないことが多いのです。達成率が高い社員と達成率が低い社員、普通は、それに対応した形で昇給・賞与が決められるものです。しかし多くは、そうでないところで給料やボーナスが決められています。

それは当然のこととも言えるでしょう。社員の組織に対する貢献度を見れば明らかです。

たとえば、達成率が高い（120%）社員の売上高が200万の場合と、達成率が低い（90%）社員の売上高が2000万円の場合とでは、組織に対する貢献度は、どちらが高いといえるでしょうか。

ほとんどの経営者は、昇給・賞与を決める際、この実績を見て、最終的に評価を変えてしまうのです。もちろん、社員の中で不平不満が高じます。「目標達成率が評価の対象のはずなのに、実際はそうではない。昇給・賞与はどうやって決めているのか。それがわからなければ、どうがんばったらいいかわからない」。組織の中で、じっと様子をうかがう社員が、次から次へと発生してしまうのです。

社員は、もともと、経営者の「言ったこと」は信じません。経営者の「やったこと」を見て、自分の行動を決めます。

「競争」は社員の成長にどんな影響を与えているのか

社員の即戦力に期待する会社はどこであれ、競争も奨励していることでしょう。同期で入社した社員をレースに見立て、誰がトップか、誰が2番目かを、経営者は注視しています。「君もうかうかしてると、水野君に追い抜かれるぞ」などと、社員に発破《はっぱ》をかけることが自分の仕事と思い込んでいる経営者もいます。

トップであるか2番手であるかは、社員の出世競争という観点からすれば、雲泥《うんでい》の差があります。社長を目指し、上り詰めることのできる社員は、会社の中で一人しかいないからです。2番手以降では、その可能性は薄いでしょう。社員は否応なく、出世レースに参加させられているということです。

もちろん、競争は、組織にとって好ましい点もあります。競争によって社員がポテンシャルを高め、実力を高めていくことができるからです。競争のあるところには、当然、新しいパワーが生まれることは否定できません。

ところが、その一方で、軋轢《あつれき》が生じるのも当然です。自分がトップを走るためには、それ以外の社員は2位以下に甘んじてもらわなければなりません。スポーツの世界であれば、同率1位も可能です。しかし、組織の中で同率1位はありえません。必ず誰か一人が1位にならなければならないのです。であれば、1位の社員に、2位以下の社員の成長を応援する、アドバイスするという発想が出てこなくなるのも当然でしょう。自分以外の社員は、優秀であっては困るのです。表面上は仲良く会話をしていながら、腹の底では、自分以上に成長しないことを願っているのです。

競争を重視する会社の業績がなかなか上がらない理由は、ここにあります。社員にとって、社内で優秀であり続ける方法は二つしかありません。「自分が常に鋭意努力を惜しまず、優秀であり続ける」ということ。もう一つは、「自分以外の社員の成長を妨げる」ということです。ほかの社員の成長を妨げるなんて、そんなことはありえない。そう思う人もいるかもしれませんが、以下のような場面に遭遇したことはないでしょうか。

なかなか成果の上がらない社員が、優秀な社員にこんなことを聞いたとします。

「田中さんってすごいですよね。どうしていつもそんなに数字を上げられるのですか。高い成果を上げるコツでもあるとか？」

優秀な社員はこう答えます。

「いやそんな、たまたま、たまたまですよ。運がよかったのかな（笑）」

それを聞いたダメと言われている社員は、どう思うでしょうか。

（運がいいだけで、どうして6カ月間も連続して高い成果を上げることができるのか。絶対、何かいいやり方があるに違いない。どうして教えてくれないのだろう。私にいい感情を持っていないのだろうか）

優秀な社員は謙遜したつもりかもしれませんが、ダメといわれている社員にとっては嫌みに聞こえるだけですし、そんなことより具体的なノウハウを教えてくれよ、と内心毒づいているかもしれません。

困っている社員がいるのに、それを事実上、無視している社員がいることを、不思議に思うかもしれません。しかし、いくら上司が「教えてやれ」と言ったとしても、それは優秀な社員にはできないことなのです。ノウハウが感覚的なものだから、というわけではありません。もともと人に教えてあげようという意識がないため、ノウハウ化できていないだけです。どうして教える意識が低いのかといえば、自分が評価されるのはダメな社員がいてこそ、という意識があるからです。高い評価を得続けるためには、教えないほうがいいということになるのです。

しかし、こうして周囲の成長を妨げると、会社全体の売上げも落とすことになります。全体の成果が小さくなることで、ひいては優秀な社員の給料も安くなるのに、そのことに気づく人はまったくいません。

「相対評価」が会社をつぶす

トップだけが評価される組織に入ってしまうと、誰もがお互いに成長を喜び合えなくなるのは確かです。優秀な社員とダメな社員が区別される「相対評価」は、全社員が優秀になれないシステムと言わざるを得ません。それなのに、なぜ多くの会社が社員の評価に相対評価を使っているのかといえば、「評価の仕方が簡単だから」というだけの単純な理由にすぎません。しかし、この状態が続くと、会社が〝継続的に〟業績を向上し続けることは難しいでしょう。

たとえば、あるスーパーは、各部門の評価を相対的な評価で行っていました。食品スーパーには青果部門、水産部門、精肉部門、惣菜部門等のさまざまな部門があります。

これらの部門の業績を評価するときに、そのAスーパーでは、各部門の売上構成比率を使っていました。全体を100%として、各部門の構成比率が何%であるか（店全体の売上げの何%を占めているか）を計算し、それぞれの部門の評価をしていたのです（図表4）。構成比率が少しでも向上すると、その部門はがんばった部門であると評価されます。

あるとき、水産部門の各店の責任者が集まった会議で、店舗運営部長や商品部長が次のような発言をしていました。

「今月の水産部門の構成比率は先月より0・5%ダウンしました。精肉部門は構成比率を逆に1・0%伸ばしています。日本人にとって一番身近な魚を扱っているにもかかわらず、この数字。これではとても一生懸命仕事をしているとは思えません。やる気を出してがんばってほしい。間違っても精肉部門に負けない構成比率を実現してください！」

そもそも、扱っている商品が違ったとしても、お客様に満足していただくための品揃え、商品作り、鮮度管理、売り場陳列等の優れたやり方は共通しているものです。ある部門で成功したやり方は、他の部門でも同じように応用できるものです。成功したやり方を全部門に共有化することができたら、店全体の売上げは例外なく向上すると断言できます。

しかし、部門間で構成比率を使って評価されるのであれば、自分の部門の評価を高めるには、どこか別の部門の評価が下がる必要があります。各店の部門責任者たちは、自分の部門の成功事例を、他の部門に教えることは絶対にありません。自分の部門が他の部門より良ければ褒められるのなら、他の部門がう

部門名	構成比
青果	22.7%
水産	13.8%
精肉	12.1%
惣菜	7.2%
日配	19.8%
一般食品	14.5%
日用雑貨	3.7%
その他	6.2%
合計	100.0%

図表4　Aスーパー各部門の構成比率

まくいっていないことはラッキーだと思わざるを得ないのです。これでは全部門が一緒に業績を伸ばすことは不可能です。これが売上構成比率、つまり相対評価することによって発生する弊害の一つです。

数年前、ＢＳＥ問題が起こり、牛肉の売れ行きが伸び悩んで、全国の食品スーパーの精肉部門の構成比率がダウンしました。

しかし、これは精肉部門だけの問題ではなく、同じ店で働くすべての部門の社員の共通の問題であるはずです。自社で扱っている商品がお客様に問題視されているのであれば、他の部門は、精肉部門を助けるための支援策を講じなければなりません。

ところが多くのスーパーでは、問題解決は後手に回りました。精肉部門の構成比率が落ちた代わりに、他の部門の構成比率が上がったからです。

当時、各部門を相対的に評価していた会社では、奇妙な問題が発生しました。自部門の力ではなく、他の部門の問題によって構成比率が上がってしまったのです。そして、そのことによって精肉以外の部門は、表面上、評価されることになりました。

このおかしな構造に気がついた会社は、構成比率を使って部門間を相対評価することをやめました。しかし、食品スーパーの中には、いまだに構成比率をもって相対評価をしている会社があります。これではすべての部門のすべての社員が一緒に優秀になれることはありません。結果として今なお店全体の業績に多大なる悪影響を与えているのです。

絶対評価がなぜ業績を上げるのか

では「絶対評価」の会社はどうでしょうか。社内で優劣を競い合うことがありませんから、お互いの成長を喜び合うことができます。自分よりも成長する社員がいたとしても、それは決して自分にとってマイナスになりません。他人の評価が自分の評価に、悪い影響を及ぼさないからです。

絶対評価は社内の人間関係をよくします。そして全員が優秀な社員になれます。他の社員の成長を妨げる理由は、何もありません。私も優秀な社員になりたい、あなたも一緒に優秀な社員になりましょう、そして会社全体の利益を上げて、みんなで幸せになりましょう、そういう発想になっていきます。

人間関係のいい会社は、次のような発言を経営者が常にしているものです。

「優秀であることはすばらしい。しかし、あなたが持っている情報を他の社員に提供し、他の社員の成長支援することは、もっとすばらしい」

仮に優秀な成果を上げた社員が二人いた場合、成果を上げるやり方を提供した社員のほうが、評価が高くなるということです。これが本来のマネジメントの評価です。成果を上げる情報をもらった社員は感謝することでしょう。情報を提供した社員は組織の中で高く評価され、ますます高く成長したことを認めてもらえるということです。

組織には、いわゆる「2：6：2」の原則があります。優秀な社員と普通の社員とダメな社員の割合が、それぞれ「2：6：2」であるということです。もっとも、これも相対的な基準によって決められるものであり、絶対的な基準ではありません。経営者がこの「2：6：2」の原則に固執し、「優秀な社員は外から即戦力として雇えばいい」という考えを持ち、優秀な社員が「自分より下位の8割の人には成長してほしくない」と考えている限り、その組織は、全社員が優秀になることはないでしょう。

「企業における評価は、賃金を決めるためのものである」という考えから、「評価は社員の成長を支援するためにある」という考えへ——これはすべての企業にあてはまる大きな問題です。

どの企業も「残業」が発生しやすいすれすれの状態にある

最後に残業についてです。

企業の中で仕事量が増減するのは当たり前のことです。そこで、仕事量に合わせて人員の増減をしていくことになります。仕事量と人員のコントロールの如何《いかん》で、企業は黒字にも赤字にもなります。

通常は企業規模の拡大に合わせて、人員の追加採用がなされます。先に企業の拡大、つまり仕事量が増加し、それに対応する形で人を採用するということです。

仕事量の増加を前もって予測し、人を採用することはできません。人員に余裕を持たせるということは、それだけ付加価値を生まない「人件費」を増加させることになるからです。付加価値を生まない人件費を増加させてしまっては、企業経営は成り立ちません。ですから、企業は根本的に「常に人手不足すれすれの状態にある」ものです。

企業は、このことを前提に成り立っています。仕事量が増えればすぐにも人手が不足する。その仕事は「残業」という形でこなされることになります。会社とは、もともとこうした構造を持っているものです。

もっとも、残業が発生する原因はこれだけではありません。突発的に仕事が発生することもあります。たとえば、お客様からのクレームです。

お客様に適切な対応をしていたとしても、クレームは発生します。お客様の数が急に増えたときや、新しい商品やサービスの提供を始めたとき、新しい社員が入社したとき、そういったときに、現在の顧客対応の仕組みでは満足してもらえない状況が突然現れます。

クレーム対応という業務は、仕事の中での優先順位が高くなります。もっとも緊急性を要する仕事と言えるでしょう。そのときどんなに忙しかったとしても、このクレームの仕事を後回しにすることはできません。お客様からの「すぐ来い」という要望に、組織全体で取り組まなければならないのです。そのときやっていた仕事はすべてストップです。

もし、突然のクレームに対応して3時間使ったら、その日終わらせるべきだった3時間分の仕事が、そっくり残業になってしまうことになります。

また、働いている社員が突然病気になって、欠勤してしまったらどうでしょうか。その社員の一日の仕事を、誰かが代わりに行わなければなりません。明日に回せる仕事であればまだしも、今日中にやらなければならない仕事もあります。そうして急病の社員の仕事を代わりにこなした社員は、その時間分を、残業でこなすことになります。

このように、あらゆる組織では、残業は発生するのが当たり前であることを知った上で、残業と業績の関係について見ていくことにしましょう。

「残業」が多い組織が儲からないワケ

残業の発生する理由は、すべての会社で共通ですが、発生している「残業時間」には違いがあります。残業の多い会社と少ない会社があるのです。

残業の多い会社は、不思議と、共通するある一つの特徴を持っています。それは「残業をする時間が一定である」という事実です。たとえば、毎日1時間残業をしている会社、毎日2時間残業をしている会社など、決まった時間残業をしない限りは、一日の仕事を終えることのできない組織です。

定型的な仕事で、日々同じ仕事量であれば、定時で終わらせることが大切です。ところが、毎日のように同じ時間だけ、残業をして帰ることが習慣になっているのです。そのような会社では、誰かが残業をせずに帰ろうとすると、次のような奇妙な発言が出てきます。

「今日はずいぶん早いね。何かいいことでもあるの」

残業をしないことは通常とは違う――このような意識のもとでは、生産性を高め、残業をなくすという発想自体が生まれなくなってきます。残業をすることが当たり前になっているからです。

ちなみに、残業には、次の三つの種類があるといわれています。

・うっかり残業
・しっかり残業
・ちゃっかり残業

「うっかり残業」とは、仕事に集中していて、気づいたら残業になっていたということです。本人には残業する気持ちは初めからありません。「しっかり残業」は、仕事量が多く、残業をしてこなさざるを得ない状態です。何らかの理由で今日の仕事が増え、所定の労働時間では終わらないことが予想されていて、「残業しても〝しっかり〟仕事を終わらせよう」となります。「ちゃっかり残業」とは、残業手当を期待してやっている残業です。所定時間内で終わる仕事を、ペースを落としてこなしています。たとえば、通常8時間で終わる仕事を10時間かけて行うことです。

どういった形であれ、残業をすることが社内で同じように評価されているというのは問題です。残業をしていない社員の評価が低くなるという風土が定着しているのです。どうしてそうなってしまうのか、これには理由があります。

毎日変動する仕事量に対応するため、時には上司が「残業指示」をすることがあります。社員であれば、正当な理由なく、この残業指示を拒否することはできません。しかし社員にも、仕事が終わったあとのプライベートがあります。急に残業を指示されても協力できない事情も少なからずあるでしょう。本人にとっては、定時以降の時間は、プライベートの優先順位が高くなるものです。

そういう中で、この優先順位を変えて残業に協力してくれる部下がいると、上司は感謝の気持ちから、どうしても残業をしてくれた部下の評価が高くなってしまうのです。「協調性が高い」という評価です。こうして、組織の中で残業をする社員は、自然と評価が高くなる風土ができあがっていきます。

しかしこれでは、仕事の仕方を工夫改善して残業せずに帰る、つまり、儲ける構造をもった会社になる芽を、会社全体でつぶしてしまうようなものです。

社員のほうも、毎日のように増え続ける仕事の生産性を上げることは、会社のためではなく、自分のためになることを覚えておくべきでしょう。なぜなら、優秀な社員とは、生産性が高い社員だからです。仕事の工夫改善の50％以上は、生産性の向上のために行われるべきです。10時間分の仕事をいかに8時間でやり終えるかという工夫改善は、社員の仕事力を大いに高めることになります。会社がすぐに評価してくれなくてもあきらめないことです。この積み重ねは、自分の能力を大きく花開かせてくれます。

残業の多い会社はボーナスが少ない

ほかにも、事業の規模や内容が急激に拡大している会社は、残業が多くなる傾向があります。現在の人員では、クリアすることのできない大変な量の仕事があるということです。とはいえ、そのままでは残業が増える一方ですので、近い将来、人員を採用するなどの解決策を打つ必要が出てくるでしょう。

しかし、そうした状況下にある会社というのは稀《まれ》で、実際は、残業をする目的が明確になっていないまま残業を奨励している会社が多すぎます。なぜ残業をするのかということを、本人も上司も自覚していない場合が多いのです。このような会社では、残業の事前申請がありません。

そもそも社員が残業するのであれば、残業をすることによって、何らかの付加価値を生むことが必ず求められるべきです。残業は通常、25％以上の割増賃金となります。時給が

１０００円であれば、残業１時間に対して、１２５０円の賃金が支払われます。

残業をする以上は、少なくとも今までの所定の時間、１時間分以上の成果が上げられなければ、企業にとっては採算が合わないのです。１２５０円の賃金を支払って１０００円の利益を出すのでは、その仕事は２５０円の赤字を生み出すことになります。やればやるだけ赤字を増やすことになります（図表５）。計算すれば一目瞭然です。

ところが多くの場合、残業によってどれだけの付加価値を生んでいるか、などと社員自身が考えることはありません。これでは残業をすればするだけ、生産性に対する社員の意識が薄くなっていくことになります。もちろ

付加価値を生む残業でない限り、会社の利益を食いつぶす

図表5　残業と会社の利益の関係

ん社員の能力も低下します。能力の低くなった社員の給料を、経営者が増やすことは絶対にありません。

一方、社員にとっては、残業ほど自分の賃金を増やす手段として確実な方法はないとも言えます。一度この恩恵にあずかってしまうと、甘い誘惑から抜け出すことができなくなります。

残業手当は、残業をした分だけ法律に基づいて支給されます。1日2時間として、20日間で40時間の残業です。1時間当たりの残業手当が1250円であれば、40時間の残業で、ざっと5万円の残業手当になります。

社員の賃金を増やす方法として、昇給や賞与の額を増やすという方法もありますが、これは社員の一存で決められることではありません。ところが残業手当だけは、希望する金額を賃金計算によって計画的に支給してもらうことができるのです。

しかし、ここで覚えておきたいことがあります。生産性を低めて残業し、それに対して手当が支給されたとしても、賞与がその分、減ってしまうということです。

たとえば、月に約5万円の残業手当を6カ月間払われたとしたら、約30万円です。仮にこの残業によって、付加価値が生まれなかったとします。この場合は、半年間で社員が得た利益をもとに計算される「賞与原資」から、前倒しで支給されるのが普通なのです。

「賞与原資」という言葉は、初めて耳にする人も多いかもしれません。賞与原資とは、全社員に賞与を支給する基、つまり賞与の合計額のことです。

経営者は賞与を支給するとき、個々の社員への賞与配分の前に、社員全員の賞与総額を考えています。

「今期の売上目標を達成したときには、総額で1000万円を賞与として支給できる。だから、夏の賞与は平均1・0カ月。もし目標を10％上回った場合には、1200万円を支給できるから、その場合は平均1・2カ月くらいだな」

このように、経営者はまず賞与総額を決めて、次に社員への配分を決めているのです。

賞与原資の計算方法は、経営者によってさまざまです。賞与原資を計算するときの業績も、売上げを基にしていたり、利益を基にしていたりします。

日本における賞与原資の計算方法は、「決算賞与時の利益三分法」がよく知られています。当期利益を三つに分割し、一つは社員に賞与として配分し、一つは社内留保し、残りの一つを税金として納めるということです。

この賞与原資は、通常は業績に応じて決められます。賞与原資がどれくらいの金額であるかが、実は社員の賞与を決めるときのもっとも大きな要素となっています。ですから、「こんなに残業して仕事をしてがんばっているのだから、今度の賞与は多くなるだろう」というような社員の甘い考えは通用しません。すべての残業で付加価値を生んでいるのであれば賞与原資は増えますが、付加価値を生んでいない残業を続ければ、賞与原資はその分減ってしまうのです。その確率は１００％です。

「サービス残業」が組織を壊す

では、仕事をしても手当が出ない残業、いわゆるサービス残業になると、どうでしょうか。

すべての社員に共通することですが、残業手当が出ないで働くことを喜ぶ社員は一人もいません。手当が出ないのであれば、残業してまで仕事をしたくないということが共通の思いでしょう。

しかし、どうしても時間通りに仕事が終わらず、残業という形でこなさざるを得ないときがあります。

残業というのは、肉体的にも精神的にも大変です。そのため、それぞれが工夫して残業をしなくてもいい仕事の仕方をしなければなりません。決められた時間の中で、増えてくる仕事の量をどうこなしていくかを考えることは、すべての社員に求められる基本姿勢といえます。

仕事量が20％増えたからといって、仕事をする時間も20％増えるというのでは、何ら工夫がないことになります。

現在やっている仕事の中で、私たちは、常にその仕事の生産性を把握することが必要です。現時点の仕事の生産性と、1カ月後の生産性、3カ月後の生産性がどう変わってきているのか、それを自分で分析することは、とても大切なことです。

個人の能力というのは、成果の大きさによって判断されるのが一般的でしょう。しかし、それ以上に大切なことは、生産性の高い仕事をするということです。生産性を考えないのであれば、20％多く成果を上げたければ、今までより20％長い時間仕事すればいいということになってしまいます。そんな考え方では、エンドレスで高い成果を上げ続けることはできません。一日は24時間と決まっています。

たとえば、車を販売する会社のトップセールスマンは、1年間に365台を売るといいます。通常であれば、1カ月に5台売る、つまり、年間で60台売れば優秀な社員といわれます。一方で、その6倍以上の台数を売る社員がいるということです。常識では考えられないほどの成果です。しかしここで大切にしたいのは、販売した車の台数ではありません。

誰でも365台売る力を持っているということです。それを1年で売るか、3年かけるか、5年かけるかの違いだけです。売るスピードが違うのです。

なぜこれほどまでに売るスピードに差が出るのでしょうか。営業力の違いではありません。トップセールスマンの営業力がいくら高いとしても、これほどの差にはならないのです。大きな違いを生んでいる理由が、実は生産性の違いなのです。生産性の高い営業の仕方をしなければ、年間に365台も売るのは不可能です。

ではどんな工夫があるのでしょうか。通常、営業社員は、新しいお客様、新規のアプローチを考えます。次に既存のお客様の買い替えのニーズを捉えて営業をします。

しかし、生産性の高い営業社員はというと、ほとんど新規のお客様の獲得活動をしません。では何をしているのか。紹介をもらっているのです。既存のお客様に新しくお客様を紹介してもらい、営業成果を上げているのです。

紹介をもらうということは、最も生産性の高い営業活動方法です。通常の新規開拓活動は、お客様から信頼を得るというプロセスが必要になります。車を購入するのに、1回や

2回会っただけで、数百万円もする車をポンと買うことはありません。ですから、信頼を得るために、多くの時間を投入することになります。

しかし、紹介であれば、どんな営業社員であるかを紹介者が十分に説明していますので、お客様は安心して営業社員の話を聞いてくれるでしょう。場合によっては、1回の訪問で新しい車を購入していただけることもあるかもしれません。

もし、飛躍的な成果を上げたいのであれば、社員は生産性の高い仕事の仕方を見つけ、常に改善していく必要があるということです。

生産性が高い会社は給料が高くなる

大原則として、企業の生産性の高さが、社員の平均賃金を決めています。もともと、会社には人件費として支払える金額に限度があります。一般的に企業規模の大きさによって、平均給与が違うといわれています。

ところが実際にそのことを分析すると、驚くべき事実がわかります。それは経営指標である「労働分配率」が大手企業ではとても低いということです。

労働分配率という言葉を初めて聞く方もいるでしょう。

労働分配率とは、「会社全体で得た付加価値（粗利）のうちの、社員に支払った人件費の割合」のことです。大手企業では、この労働分配率が一般的に低い傾向にあるのです。

資本金1億円以上の大手企業では平均すると、労働分配率が60％という数値になっています（図表6）。資本金1000万円以下の中小企業はというと、80〜90％です。中小企業のほうが稼いだ利益における人件費の割合が大きいのに、その割合が少ない大手企業のほうが、なぜ社員の平均賃金が高いのでしょうか。

それは一人ひとりの社員の仕事の生産性の違いによります。一人が働ける時間には限界があります。同時に社員の能力にも現時点で

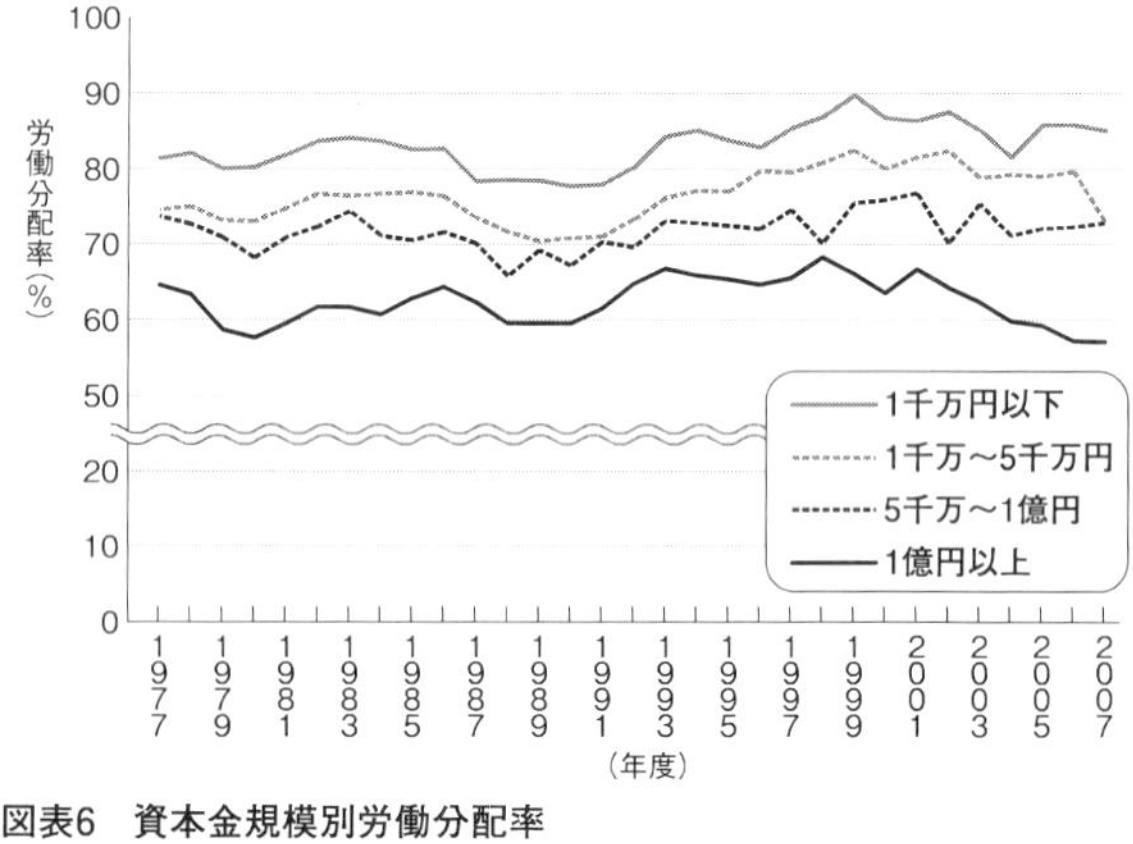

図表6　資本金規模別労働分配率

（出所：財務省「法人企業統計調査」）

は上限があります。

大手企業と中小企業の何が違うかというと、一人ひとりの稼ぎです。大手企業のほうが一人ひとりの稼ぎが多いのです。

労働分配率80％の会社は、人件費の1・25倍しか付加価値を稼いでいません。一方で、労働分配率60％の会社は、人件費の1・67倍稼いでいます（図表7）。

この稼ぎの違いは、生産性を高める仕組みの有無です。仕組みを構築することによって、実は中小企業でも、一人ひとりの社員の稼ぎを大きくすることができるのです。大手企業では、その仕組みを常にブラッシュアップしていますので、中小企業に比べて、大きな利益を出すことができるのです。

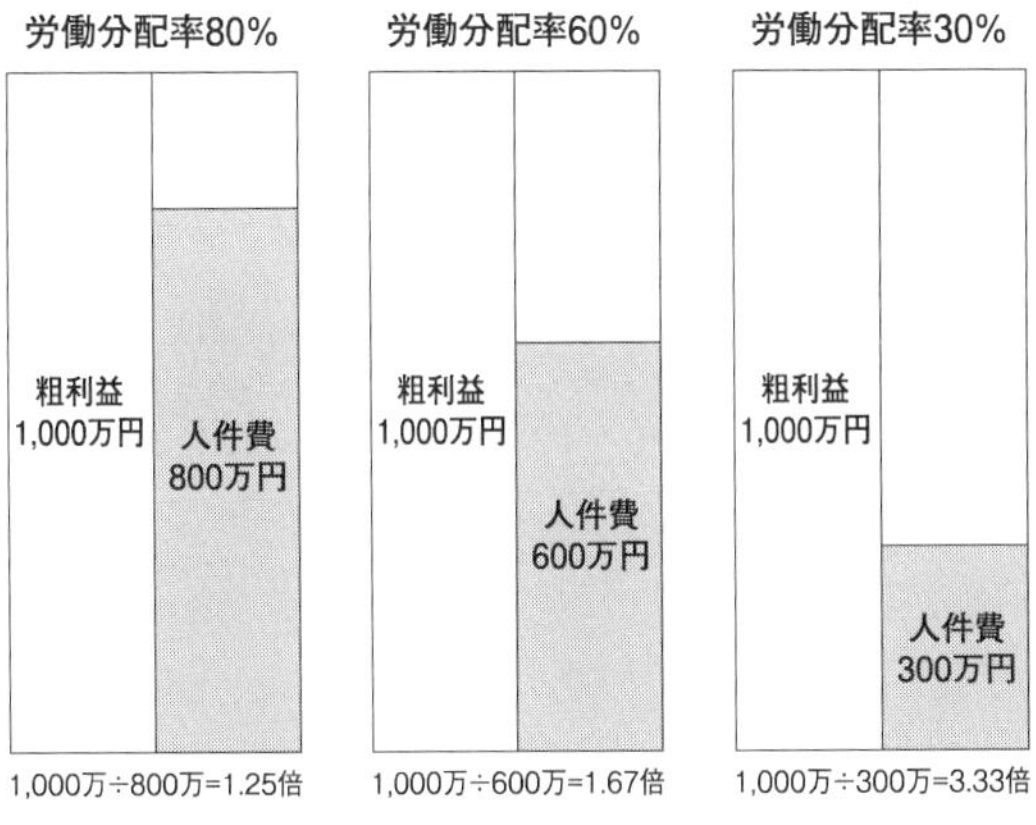

図表7　労働分配率の多い会社と少ない会社の、人件費の占める割合

生産性を上げるということは、「一人ひとりががんばって業績を上げる」という漠然とした決意とは違います。一人ひとりの稼ぎを出す具体的な方法を、お互いに関心を持ち、高い業績に結びついている方法であることが確認できたら、それらをすぐに「共有化」していくこと。そして、それを社員全員が同じようにできる「仕組み」にしていくことが大切です（図表8）。

仕組みにする最大のメリットとは、新人であってもベテランと同じような高い成果を上げることができることにあります。この仕組みができない限りは、社員は高い平均賃金を獲得することはできないということです。

「愚者は経験に学び、賢者は歴史に学ぶ」ということばがあります。企業にたとえて言えば、「業績の低い会社は、一人ひとりが自分の経験を頼りに仕事をし、業績の高い会社は、社員がお互いの経験（＝歴史）を共有し学んでいる」ということになるのです。

では次章で、どうすれば会社の業績が上がり、社員も成長できるのか、その仕組みを詳しく見ていくことにしましょう。

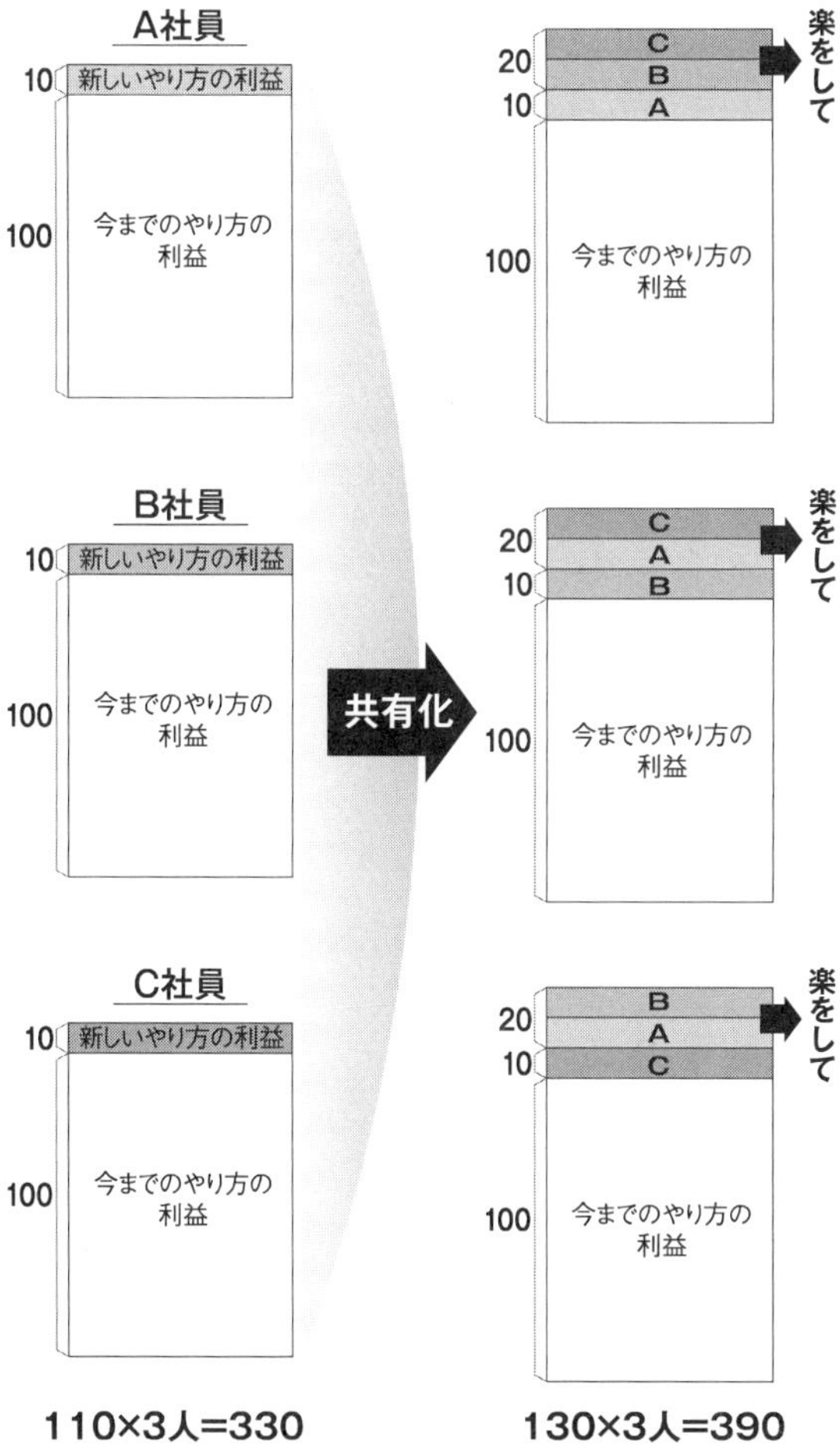

図表8　仕事のやり方の共有化で上げられる利益の構造

Case3 株式会社シューコーポレーション〈書籍販売、惣菜専門店、DVD／CDレンタル業〉

成長日報一枚の活用後、わずか一カ月で成果が出た

社内の評価や処遇に対する不平・不満を解消すべく、新しい人事制度を導入した北社長。しかし、それがなかなか成果に結びつかない。考えてみれば、社員の評価、つまり成長について話をするのが、年に4回の評価のフィードバックのときだけだったことに思い当たる。

「これでは社員が自分の成長を意識することは少なく、大きな成長に結びつかない」

そう考えた北社長は、現在の評価シートと業務日報を合体させた「成長日報」を作成。3カ月間の自分の成長目標に合わせて、今日一日の仕事をどのようにやれたかを考えてもらう、従業員がセルフチェックできるシートをつくった。

日常やるべき項目に対し、5段階で自己評価をするだけだったため、社員の負担はそれほど増えなかった。しかも期待以上に、社員の目標に対する意識が、以前より高くなったのだ。

効果も目覚ましかった。特に、DVDレンタルのツタヤ店舗では、この成長日報を導入してから、見違えるように業績が向上した。やっていることはごく単純なことであるにもかかわらず、意識して行動するだけでこんなに業績が向上するのか、と社長も驚きを隠せなかったという。社員自身も、自発的に、今までとは違った高い目標を設定するようになった。

そしてこの頃から、「自分はまだまだ成長できる」と社員が仕事に前向きに取り組むようになったのだ。

上司も部下の成長ぶりを見ることができ、行動一つ一つに対して「褒めること」「認めること」が自然にできるようになった。

結果的に、ツタヤ店舗は「2009年 TSUTAYA STAFF CONFERENCE」でグランプリとなり、日本一の栄冠を獲得することになった。

Case4システムサーバー〈システム開発業〉

「馬車馬のように働いても報われない」と辞める社員がいなくなった

一年間で退職者6人。当時、50人規模での大型プロジェクトが進行中だった同社にとって、これはかなり手痛い現実だった。システム開発にとって、資産は人材であるにもかかわらず、退職騒動で社内の士気も低下、業績が伸び悩んだ。

とはいえ、同社は、それぞれの社員の評価に応じた給与制度をつくりあげていたし、額も同業他社に劣る水準ではなかった。そのため、「馬車馬のように働いても報われない」などと捨て台詞を吐いて辞めていく社員が続出する現実に、鈴木社長も頭を抱えてしまった。

悩んだ末、社長が始めたことは、自社の「儲けの構造」を整理し、きちんと社員に説明すること。社員は給料の額に不満があるというより、給料アップの道筋が不透明であることに不満だったと、話してみてわかったからだ。
道筋とは、たとえば、「来期にこの新しいプログラム言語を覚えて、周りの人にも教えられるようになれば、あなたの評価は3に上がって、給料も毎月2万円アップしますよ」という説明だ。

結果は明確に出た。成長の過程が明らかになることにより、システムエンジニア職に重要な成果である「一人当たり売上高」が増加した。2006年、1050万円だった社員一人当たりの売上げが、翌年には1320万円に伸びた。個々の社員の生産性が上がり、会社の業績にも直結したのである。

第四章 なぜ、教え合う会社が強いのか

「年功序列型賃金」が再評価されている部分とは

お互いに教え合える組織の中では、すべての社員が成長していきます。自分が成長するだけではなく、他の社員の成長を支えること、そこに最大の評価がされるからです。これが本当であれば、社員の成長はスピードアップします。

最近は、「年功序列型賃金」を再評価する傾向があります。その揺り戻しは、「成果主義」への問題に対する反動というだけではありません。年功序列型賃金制度のもとでは、以下のことが現実になっていたからです。「先に入社した社員の賃金は、後から入社した社員の賃金を下回ることは基本的にはない」――つまり、他の社員に教えることに、デメリットはないということです。

知っていることを社内にオープンにすることは、自分の不利にはならない。逆にそれをオープンにしていくことによって、尊敬される先輩、上司となっていったということです。高度成長時代にもっとも的確な賃金制度であったことは確かで、その基本的な考え方は、今でも有効ですし、それを仕組み化すればいいということになります。

仕組み化するのは、決して難しいことではありません。他の社員に自分のやっている優れたやり方を教えることを、高く評価する仕組みにすればいいのです。

通常、社員は、高い成果とその成果を上げるやり方、プロセスを評価されています。その際、「評価シート」というものが使われるのが一般的です（図表9）。たとえば、仕事のプロセスを評価する項目であれば、評価基準の最高評価5点の枠に、「社内の中で最も優れたやり方を行っている」といった基準が設けられていることでしょう。そこを次のように少し変えるだけでいいのです。

「優れたやり方をしており、なおかつ他の社員に教えている」

この評価基準を評価シートに盛り込むことによって、すべての社員は他の社員に教えることを目指すことになります。

一度こうした仕組みをつくると、社員は評価される仕組みの通りに成長していきます。

	評価要素	定義	ウェート※5	評価基準					評価点（5点満点）		
				1	2	3	4	5	本人	上司	決定
期待成果 ※1	お客様1人当たり買い上げ点数	買い上げ点数÷購買客層	4	1.5未満	1.5以上	2.0以上	2.5以上	3点以上	3	3	3
	1品当たり平均単価	売上高÷買い上げ点数	2	5,000円未満	5,000円以上	6,000円以上	7,000円以上	8,000円以上	4	4	4
重要業務 ※2	商品説明	セールスポイントをわかりやすく説明できる	3	その業務をやらなかった	その業務をやったりやらなかったりした	その業務を基本の方法で実施した	その業務を優れた方法で実施した	優れたやり方をしており、なおかつ他の社員に教えている	2	2	3
	コーディネイト提案	並売を勧める	4	その業務をやらなかった	その業務をやったりやらなかったりした	その業務を基本の方法で実施した	その業務を優れた方法で実施した	優れたやり方をしており、なおかつ他の社員に教えている	2	3	4
知識技術 ※3	商品知識	商品について細かい情報を仕入れる	2	商品知識が不足していた	最低限の商品知識は持っていた	基本的な商品知識はほぼ習得している	応用的な商品知識をかなり持っている	必要な知識はすべて持っており、他の社員に教えた	3	3	3
	流行知識	業界の流行に敏感になる	1	流行知識が不足していた	最低限の流行知識は持っていた	基本的な流行知識はほぼ習得している	応用的な流行知識をかなり持っている	必要な知識はすべて持っており、他の社員に教えた	4	3	5
勤務態度 ※4	積極性	困難な仕事に自発的に取り組んでいたか	4	困難な仕事を避けることが多く、自発的でなかった	言われれば、多少取り組む程度だった	取り組む姿勢は見られたが、自発的な行動は少なかった	積極的に取り組み、自発的な行動が見られた	積極的にチャレンジし、常に全力を尽くしていた	5	3	5

※1 期待成果:社員にどんな成果を上げてほしいのか　※2 重要業務:成果を上げるために やるべきこと　※3 知識技術:重要業務を実施するために習得すべきこと
※4 勤務態度:仕事の取り組み方の心構え　※5 ウェート:どこに重点を置いて働いてほしいかを考えてウェートの配分を決める(この場合は合計20点)

上記の項目をもとに、必要な評価項目をシートに書き込むと、各会社の「成長シート」がつくれる

図表9　社員の成果とプロセスを評価する「評価シート」＝「成長シート」の一例（衣料品小売業）

教え合う組織風土をつくりたいということであれば、教えることを高く評価する仕組みをつくることです。口やかましく「教えろ」と部下に指導しなくても、評価基準が変わるだけで、社員自らが最高の評価基準、もっとも高い評価の社員へと成長していきます。そのようにして、これまで数多くの会社が、実践し、変わっていくのを私は見てきました。

ちなみに、あなたが転職を考え、入ろうとしている会社が、賃金の増える会社かどうかを見極めるには、そこで働く社員に、次の二つの質問をすることをおすすめします。

・高い成果を上げている社員のやり方は、オープンにされていますか
・オープンにした社員は、もっとも高い評価を得ていますか

この二つのゴールデンクエスチョンに、「イエス」「イエス」と2回答えることのできる会社であれば、間違いなく、あなたが入社する会社は、継続的に成長でき、給料も増える会社です。

この価値観を、組織の隅々まで行きわたらせるには時間がかかりますが、行きわたった会社は、風通しのいい活発な組織風土になることでしょう。そして10年、20年、50年、と

長期間継続して、業績を向上させ続けることができるのです。

教え合うことで学ぶ大切なこと

上司と部下の間、同僚同士の間でも、「情報の共有化」は、仕事をする上で必要なことです。その大切さを訴えていない会社はありません。

ところが最近になって、驚くような事態が発生しています。

組織の中では、最終的な共通の経営目標を実現するために、さまざまな社員が役割分担をしています。社員一人ひとりが専門特化しているといっても過言ではありません。同じ仕事をしたとしても、実は高度な分業体制になっています。そのため、「あることについては非常に詳しく知っているけれども、ほかのことはわからない」という人たちの集合体である組織ができあがっています。もちろん組織ですから、得意分野がそれぞれあることは強みになるはずですが、コミュニケーションがまったくないため、情報交換が成り立っていないのです。

たとえば、ある社員は、マイクロソフト社のエクセルやワードに関しては、プロ顔負けのスキルを身につけています。エクセルを、マクロを使って活用している社員すらいたりします。隣の席には、まったくその必要性がないために、エクセルもワードも操作すらしたことがないという社員がいます。しかし、そういった情報自体が、社員の間で共有できていないのです。

今までであれば、雑談をしたり、会話をするなかで、誰がある知識に詳しくて、誰があるノウハウを持っているのかということは、社内の誰しも共通認識があったものです。お互いに自分の不得意な分野、よく知らない分野については、知っている社員に尋ねるだけでよかったのです。ある社員に「A商品についての活用事例について教えて」と聞けば、「はい、きた」とばかりに、聞かれた社員は、わかりやすく説明してくれたはずです。説明を受けた社員は、場合によっては、業界トップクラスの知識にアクセスして聞くことができたことになるのかもしれません。

社内で学び合えるという環境、その情報にアクセスできるという環境——ウェブの環境がどんなに整ったとしても、人間同士の情報の共有化の状態を超えることはできないと考えられています。

ところが、いまそのすばらしい環境が失われつつあります。原因は情報の共有化の方法が、Eメールに切り替わったということです。

取引先とのやりとりも、メールが多くなりました。電話であれば、自然に聞こえてきたりした話も、メールになると、隣の社員がどんな仕事を誰としているのかが、わかりません。

たとえば、ある製造業の会社ではお客様への見積書の提出がメールで行われるようになりました。お客様は見積書を見て最終的な意思決定を行いますが、決定するのは、見積書を提出した会社の営業時間中とは限りません。この会社は、メールによって営業時間外でもお客様からの回答を受けられるようになりました。商品・サービス等を受ける会社にとっては、とても便利になったと言えます。電話で最終的な購入の意思決定を伝えなければならなかったことも、今ではメールに購入の意思表示をするだけで済んでしまうからです。

ところが、受注する側の会社では、社内で次のようなやりとりが見られなくなってしまいました。

あるお客様から、電話で購入の連絡がありました。担当の営業社員がうれしそうな声で、「ありがとうございます」と答えています。その言葉を聞いて、「○○さんは受注が決まったらしい」ということがすぐに職場の中に伝わります。もし、このお客様からかかってきた電話を他の営業社員が受けても、「○○様、先日はご購入ありがとうございました」と挨拶することができます。

ところが、メールになると、担当の社員はそのメールをうれしそうに眺めながら購入決定に対するお礼のメールを打っていますが、周りの社員がこれに気づくことはありません。お客様と担当社員の間でのやりとりが、ITツールの中に埋もれてしまうのです。

お互いにお互いの仕事がまったくわからないまま、同じ会社で仕事をしている。そんな極端な環境になりつつあるということです。

こうした組織は、実は日を追うごとに生産性の低下が激しくなっていきます。この状態を何とかしなければなりません。社員が周囲にちょっと何かを聞くことすら難しい状態になっています。であれば、それぞれの組織の中で、誰か困っていることに関して支援する仕組み、教える仕組みということを、早急につくりあげる必要があります。

教え合える組織は、生産性が高くなります。教え合うことのできない会社は、情報を集めるために分厚いカタログを何時間もかけて見ることが必要になるかもしれません。実際、他の社員に教えてもらえば、わずか5分で済む仕事に、3時間かけていた社員もいます。こうなると驚きを通り越し悲しくなります。これでは、会社全体での生産性を上げることはできないのです。生産性の低い会社は、業績を上げる仕組みのない会社と言わざるを得ません。

組織をGoogle化すると強くなる

しかし一方で成長している会社があるとすれば、それは共有化の大切さを認識させている会社といえます。見本となるのがGoogleです。

日常的にGoogleでさまざまな検索をしていることでしょう。私たち一人ひとりの仕事の生産性は、飛躍的に向上したといえます。今までであれば、情報を得るために、何時間も、何日もかけた情報収集の仕事が、GoogleやYahoo!の検索ツールを使うことによって、瞬時に、時によっては日本ばかりではなく、世界中の情報を一瞬にして入手することができます。初めからこのツールを使っていた人であれば、ありがたみには気がつかないかもしれません。しかし多くの人は、このツールが自分の生産性を飛躍的に高めたことに気がつくでしょう。この仕組みを組織に活用しない手はありません。

一般的に、営業社員はお客様から情報を収集し、その後お客様のニーズを分析します。それに基づき、最終的には「提案書」という形でまとめをつくるのが普通です。提案するお客様は、業界によってさまざまですが、たとえばOA機器を販売する会社で取り扱っているコピー機は、提案する会社の業種も規模もまったく異なります。そのため、その会社にあった提案書をつくるのはとても大変なことです。

このお客様のニーズに合わせた提案書作成が、それぞれの社員のパソコンの中に独立して存在するだけになっていることがよくあります。あたかも宝箱に入った宝物のようです。

ここで、すべての社員のデータを相互に活用する仕組みがあったらどうでしょうか。業種や規模によってどんな提案書をつくればいいのかがわかっていれば、その業種や規模を経験していなくても提案書をつくることができます。

同じツールを使えば、今年入った新入社員でも、受注率の高い提案書をつくることが可能になります。5人の営業社員がいて、一人が10パターンの提案書をつくっていたとすれば、すでにその会社は50パターンの提案書を持っていることになります。これから営業する社員がその提案書を事前に見ることができれば、効率は飛躍的に高まります。普段何時間もかけて作成していた提案書が、お客様に合うところだけを部分修正することで、今までの10分の1以下の時間で作成することができるのです。

これは単に、営業活動の効率を高めるだけではありません。最終的な受注に向けての効果的な営業活動も支援することができます。

すべての社員が、それぞれのすべての営業活動のデータベースを活用することができる。あたかも他人の頭脳を借りたように自分の成果を上げるようなことができるのです。

もちろん、この場合、他人のデータベースを活用したら、活用の記録を義務づける必要があります。なぜなら、成果を上げたときに他のデータを使ったことを申告することによって、そのデータをつくった社員が自分以外の営業成果に貢献したことが、組織の中できちんと評価されなければならないからです。場合によっては、その提案書を活用することによって成果を上げた際、経営者はデータを提供した社員に対しても、成果の配分をすることを考えなければなりません。

こうすることによって、社員はお互いに自分のノウハウとも言える提案書の積極的な活用に取り組むようになります。

ITツールは、組織の中の一人ひとりの生産性を飛躍的に高めることに成功しました。しかしそれは同時に、一人ひとりが孤立し、まったく連携をしない仕事の仕方にもしてしまったのです。これからは、個人のノウハウを組織に生かし、組織全体をGoogle化しなければなりません。

社員の一つの情報は、すべての社員の成長のためにあります。すべての社員の情報は、個々の社員の成長のために活用されます。「情報」という漢字は、「情けに報いる」と書きます。一人ひとりの成長を考えるために、その情報が活用されれば、結果として社員全員で成長の実現ができ、会社全体の業績が向上できることになります。

チームプレーを認めなかった成果主義

ところで日本では、いわゆる「成果主義」を導入してから、組織の中で、すべての社員が優秀にならなくなりました。確かに、社員は個別に自分の成果に関心を持ち、意識するようにはなりました。しかし、あらゆることで自分の成果だけを優先した結果、自身の力も、組織全体の力も落とす皮肉が待ち構えていました。

「成果主義」の弊害がいろいろ言われるようになって久しくなりますが、かつての「年功序列型賃金」に戻ることもできず、日本の会社全体が、迷いながら進んでいるように見えます。これからは、「成果主義」でなく、強いて言えば「成果を上げさせる主義」、私が言うところの「成長制度」が必要となりますが、「成果」の中身についても、経営者と社員の間で、共通認識を持つことが大事になってくるでしょう。

どんな組織でも言えることですが、大きな成果を上げる社員と、なかなか成果が上がらない社員がいます。どんなに優秀な社員が集まった上場企業であっても、同じ会社のなかで成果のギャップは出てきます。

問題は、そういうギャップが出たときに、経営者や社員がどのような対応をするかということです。

多くの経営者に尋ねたことがあります。社員がいわゆる〝一般職層〟を卒業するときに、「どのぐらいの点数が取れたら一般職層を卒業してもいいですか」という質問です。一般職層を卒業するということは一人前になるということです。個々の会社の評価基準において、「80点以上」という回答がほとんどでした。次に、「どのくらいの年数をかけて、社員は一般職層を卒業していますか」と訊きました。この質問については、5〜10年と幅がありました。

仮に、ある会社で7年かけて一人前になるとします。この場合は、80点とるためには7年かかる計算になります。

たとえば、一般職層に3つの階段があったとします。それを仮に、1等級、2等級、3等級とします（図表10）。3つの成長階段があるということです。

一つの階段を上っていくことを「成長」と定義します。

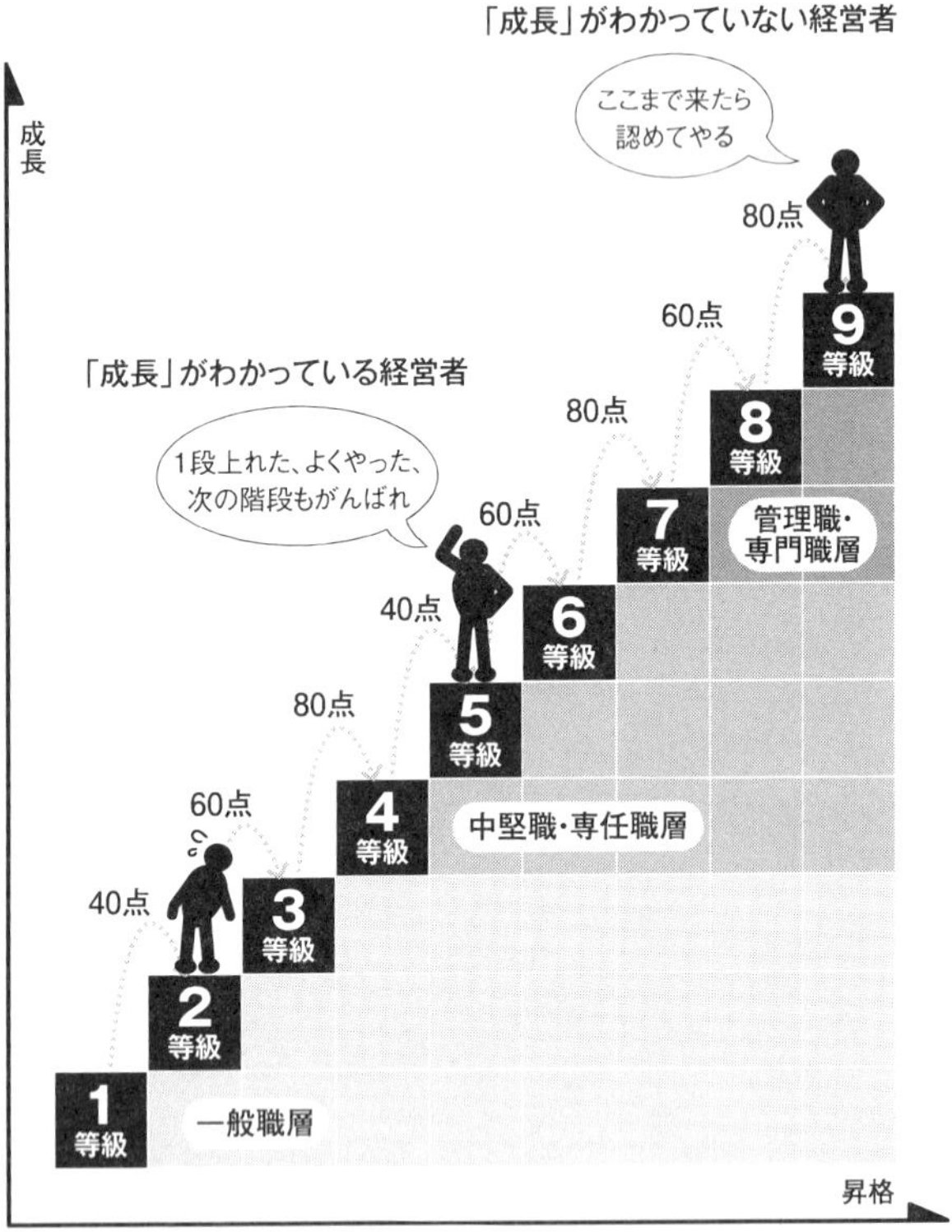

成長とは、1等級から9等級まで一気にかけあがることではなく、それぞれの職層における段階を一歩一歩上ること。優秀な社員は成長のスピードが速いが、遅い人も成長していないわけではない。成長しない「ダメ社員」というのは、一人もいないと言える。

図表10　成長と昇格（ステップアップ）の関係

であれば、1等級から2等級へステップアップする点数を、仮に40点とすることができます。2等級から3等級にステップアップする点数を、60点とすることができます。そして、一般職層を卒業する3等級から次の階層へ行くときの点数を、80点とすることができます。点数を徐々に獲得することで、社員は成長したとみなされます。

どの段階の成長もすばらしいものです。20点から40点を獲得し、自分の成長を確認した社員は、次の60点を目指すようになります。組織で働くすべての社員が、この階段を上っていきました。優秀な社員とは、階段を上るスピードが速い社員のことです。成長が遅いといわれる社員は、階段を上るスピードが遅いというだけの話です。上るスピードの違いだけであり、上れないということではありません。ですから点数の低さで「ダメ社員」というレッテルをはることは、根本的に間違いです。

であるとすれば、3等級の80点以上をとる社員は、すべて優秀な社員であるといえます。全員が優秀になるということは、全員が80点を卒業していくということです。7年かかるのか、10年なのか、人によってさまざまです。でも、「全員が80点をとれる」いう事実に注目しなければなりません。「当社は一般職層で80点以上獲得できる社員を優秀な社員とします」と社員に説明することに、何か問題はあるでしょうか。

そして、社内でもっと優秀な社員は、他の社員に自分のやっていることを教えて、成長を助けた社員です。社員を評価する基準が示されたとすれば、わかっているにもかかわらず、他の社員に教えないということはなくなります。これが、通常すべての会社にある「ステップアップ制度」（「昇格制度」）を「可視化＝見える化」するということです。

全員を優秀にする仕組みは業績を飛躍的にアップする

ステップアップする点数の基準や年数については、企業によって違いがあるでしょう。しかし、基本の考え方に例外はありません。すべての社員が成長していくこと、そして成長のスピードに差があるとすれば、差を縮める工夫をすること。これによってすべての社員が優秀な社員になれる仕組みが整います。

「優秀な社員」の定義づけは、企業によって、プロセスをどのように分析するかという違いはあります。そういう違いがあっても、プロセスを評価していない会社は一つもありません。成果主義を採用している会社でも同様です。そのプロセスを改善することによって、成果を向上させる。それも、1人や2人の優秀な社員だけではなく、すべての社員に置き換えて考えてみてください。10人の社員の中の、2人の社員が優秀なだけではダメなのです。普通の社員の6人も、成果の上がっていない2人も、同じように高い成果を上げると き、会社の業績がもっとも高くなります。会社の業績が高くなるということは、同時にす べての社員の処遇が良くなるということです。

少し考えてみればわかることです。たとえば、優秀な社員2人の成果が「200」、普 通の社員6人の成果が「100」、成果の上がっていない社員2人の成果が「50」だとし ます。優秀な社員と優秀でない社員の成果の差は、4倍あります。この時の業績は合計で 1100です。

では、これが優秀な社員2人の成果が「200」、普通の社員6人の成果が「180」、 成果が低いといわれている2人の社員が「150」だったらどうでしょう。合計で178 0になります。1100の会社と、1780の会社の業績の違いは、1・6倍です。つま り、昇給・賞与の原資は、基本的に1・6倍違うことになります。

優秀な社員であっても優秀な社員でなくとも、全社員が大きな成果を目指して力を合わ せ、教え合う企業を目指す。そんなすばらしい会社を実現できたら、現在のすべての社員 にも、もっと昇給・賞与を出すことができるということです。この大切な点を、とくに経 営者は、組織の中で説明することが必要なときがきたのです。

100％成果主義の会社は存在しない

現在、上場企業の8割は、成果主義をとっていると言われています。中小企業での割合も、おそらく同じくらいでしょう。もっとも、正確には、経営者自身が「自分の会社は成果主義である」と誤解をしている割合といえます。

成果主義というのは、結果のみで評価することで、プロセスは基本的には考慮しません。ある二人の社員がいたとします。A社員が3000万円の売上げ、B社員が1000万円の売上げだったとします。成果主義をとっている経営者であれば、3倍の成果が違うことが明確になっていますので、賞与も3倍違って当然といえます。成果主義とはそういうことです。

ところが、現実はそうなっていません。前述のAさん、Bさんの所属する会社の場合、Aさんの賞与は50万円、Bさんの賞与は実際、40万円でした。この経営者に、私は尋ねました。

「御社は成果主義をとっているはずなのに、二人の成果が3倍違うにもかかわらず、なぜ賞与は3倍の差がないのですか」

その経営者は、質問の意図がわからないというように、不思議そうな顔をして答えました。

「いくら成果が3倍違ったとしても、担当しているお客様に違いがありすぎます。もともと、A社員の持っているお客様は、上司が持っていたお客様で、担当が代わったというだけです。決して自分で開拓したお客様ではありません。単純に、いいお客様を担当したというだけです。大きな成果の違いがあっても、そのまま賞与の差に反映させることはできません。何か問題はあるでしょうか」

この話を聞いてうれしくなる社員は多いことでしょう。

この会社は、成果主義と言っていながら、実は成果主義ではないのです。では何主義なのでしょうか。一言で言うことはできません。成果も評価する。プロセスも評価する、そして、それによって昇給・賞与を決める、経営者独自の決め方です。ですから、成果主義という一つのフレームワークで説明することはできないのです。100社あれば100社の「社員を成長させるための仕組み」があると言わざるを得ないのです。

経営者の考えは成果主義とは正反対の場合がある

ただ残念なことが一つあります。この経営者は、プロセスを重視しているにもかかわらず、自分の組織の中では「うちは成果主義だ」と言い切ってしまっている点です。成果主義であるなら、社員は「高い成果を上げること＝昇給・賞与の増大」と考えてしまいます。あまりにも短絡過ぎるだろうと、経営者は思うかもしれませんが、通常、経営者が会議等を通じて話をしている中では明確に成果主義と言っていますから、成果の高い社員は自分だけ昇給・賞与が多くなるもの、と社員は理解しています。

これがまた、新たな問題を生み出すのです。成果を高くすれば昇給・賞与が多くなる。この1点だけに社員の関心がいくと、前述したように、自己中心的な考え方が強くなり、協力し合わない組織ができあがるわけです。

解決するためには、経営者が思っていることをはっきりと組織に示し、仕組みとして可視化すること以外に方法はありません。すべての社員に優秀になって成長してもらいたいとはっきり言うことです。それによって、昇給・賞与がどう変わっていくのかということを示すことも必要です。

・成果を上げる社員は昇給・賞与は高くなる
・成果を上げる方法を、他の社員に教える社員は、もっと昇給・賞与が高くなる

・全社員が優秀になったときがもっとも昇給・賞与が高くなる

これはほとんどの経営者の頭の中に当然ある考えであり、疑う余地はありません。あるがままに社員に説明していたら、賃金・人事制度の不満で苦しむ社員はいなかったでしょう。いままでは、会社がうまくいかなくなると、新しい賃金・人事制度を導入し、そのたびに、不幸になる社員が生まれていくというパターンが多かったのではないでしょうか。成果主義は、その弊害をもたらした一つの制度にすぎません。

また、成果主義の仕組み以上に問題なのは、経営者が「うちは成果主義だ」と言いながら、実際には、結果だけで評価していないため、社内で混乱や疑心暗鬼、誤解を招き、社員全員の生産性を低下させているという点です。

すべての会社の方針は、経営者の頭の中にあります。何十年もうまくやっているのであれば、それが御社の「成功法則」です。その内容を社内に明確にし、はっきりさせることで、さらに生産性を高めることができるのです。

昇給・賞与を決めるときに最も影響を受ける三つの要素

企業の中には、大手企業も中小企業もあります。業種も、製造業、サービス業とさまざまです。そのトップとしての経営者が昇給・賞与をどのように決めているか、決定の方法は会社によって違います。

ところが、昇給・賞与を決めるときの基本的な決定要素は、たった三つしかありません。一つは「業績」、二つ目は「社員の成長段階」、三つ目は「社員の評価」です。この三つが昇給・賞与を決める大きな要素となっていて、どの会社でも共通しています。個々の内容がどういうものか、見ていくことにしましょう。

三つの中で、もっとも影響を受ける要素とは何かといえば、もちろん、会社全体の業績です。社員が成長し、成長段階が高いとしても、会社の業績が厳しいときには昇給・賞与は少なくなってしまう現実があります。もちろん逆のことも言えて、社員があまり成長していなかったり、成長段階が低くても、全体の業績がよければ、昇給・賞与は多くなる傾向にあります。

ある会社でこんなことがありました。

非常に優秀な社員がいました。彼は毎年、成長し続け、今年も前回以上の高い評価を得ることができました。本人にとってみれば、賞与はさらに高くなるという期待が強くあります。この思いを誰も否定することはできません。

ところが、結果はそうなりませんでした。会社全体の業績が悪化したからです。全体の業績が低ければ、社員の昇給・賞与は増えません。あくまでも、昇給・賞与は業績を高めることで、まずは「原資」を増やさなければならないのです。

どんな社員も、この原理をしっかり知っておく必要があります。みんなで協力して大きなピザをつくれば、ピザをつくるときの貢献度の高さによって、自然と分け前は大きくなるということです。ですから、全員で力を合わせてピザを大きくすることに最大限の努力をすることが優先されます。第一章の、球団収入と選手の年俸の関係で見たとおりです。

経営者は業績の大きさをどのように判断しているのか

では、経営者は会社の業績の良し悪しをどのように判断しているのでしょうか。

業績は、売上げや利益によって明確にわかります。ただし、利益は「粗利益」「営業利益」「経常利益」「当期利益」と、種類によって中身が違います。金額も違います。最終的には、社員に配分される人件費は、会社の業績によって判断されますので、「当期利益」

が増えたときに初めて支給されるものであることは確かです（図表11）。会社によっては、全社員が直接的に関与して上げることのできる利益は「粗利益」だと考える会社もあります。

業績をどのように判断するか、ということは、経営者によってさまざまです。経営者が注目している利益はどれであるのか、確認が必要です。そしてそのことに社員は関心を持たなければなりません。自分自身の昇給・賞与が多いか少ないかは、この業績の推移によって決まるからです。会社の業績に関心がないというのは、基本的には自分の昇給・賞与に関心がないということとまったく同じです。

どういう場合には業績が向上したのか、ど

売上高
−）売上原価
粗利益
−）営業経費
営業利益
＋）営業外収益
−）営業外費用
経常利益
＋）特別利益
−）特別損失
当期利益

図表11　売上高と利益の関係

の時には利益が増えたのか、結果とプロセスを社員全員が知らなければなりません。

　そして、業績に対する数値責任の度合いは、一般社員から中堅社員、管理職というように、成長段階が進むことによって重くなっていきます。それゆえ、一人ひとりの社員の成長と成果、そして合計としての利益がどのように関係しているのかということを、早い段階で学んでいく必要があります。

　この理解が少ないと、昇給・賞与に対して誤解ゆえの不満を持つということになります。「昨年よりがんばれば昇給・賞与は増える」。このように誤解している限り、いまの会社に対しての不平不満は解消できません。

　仕組みの必要性を理解している会社は、社員にその内容を発表しています。発表するのが遅いか早いかの差はありますが、すべての企業はいつか発表することになります。発表の内容とは、「会社の業績がこのくらい上がったときには、昇給・賞与の原資はこうなります」といった簡単なものです。

　業績の大きさによって昇給原資、賞与原資は影響を受けているため、すべての会社において同じことが言えるのです。

社員の昇給・賞与を決める二つ目の要素「成長段階」とは

社員は入社してから退職するまで、四十数年間を会社で過ごすことになります。一つの会社の中で、同じ仕事をしているように思えますが、基本的にはそうではありません。組織の中の成長段階があるのです。あなたの組織にもあることです。

まず、一般職層として「プレーヤー」の時代があります（図表12）。自分で仕事をして成果を上げる層です。この段階を卒業すると、基本的には次に中堅職層の「プレーイング・マネージャー」の段階になります。自分で成果を出しながら、何人か部下を持ち、指導する段階です。やがては、プレーイング・マネージャーを卒業して「マネージャー」の段階まで成長することになります。いわゆる管理職層です。この管理職層は、マネジメントで組織全体の成果を向上させるという段階です。これが、一般的なマネジメントコースでの成長の3段階です。

一方では、プロフェッショナルコースとしての成長があります。組織の中でベテランになったという段階から、業界でプロとして認められるほど成長した段階というところまでの成長があります。

すべての組織の中には、成長段階があります。その段階によって、昇給・賞与は違いま

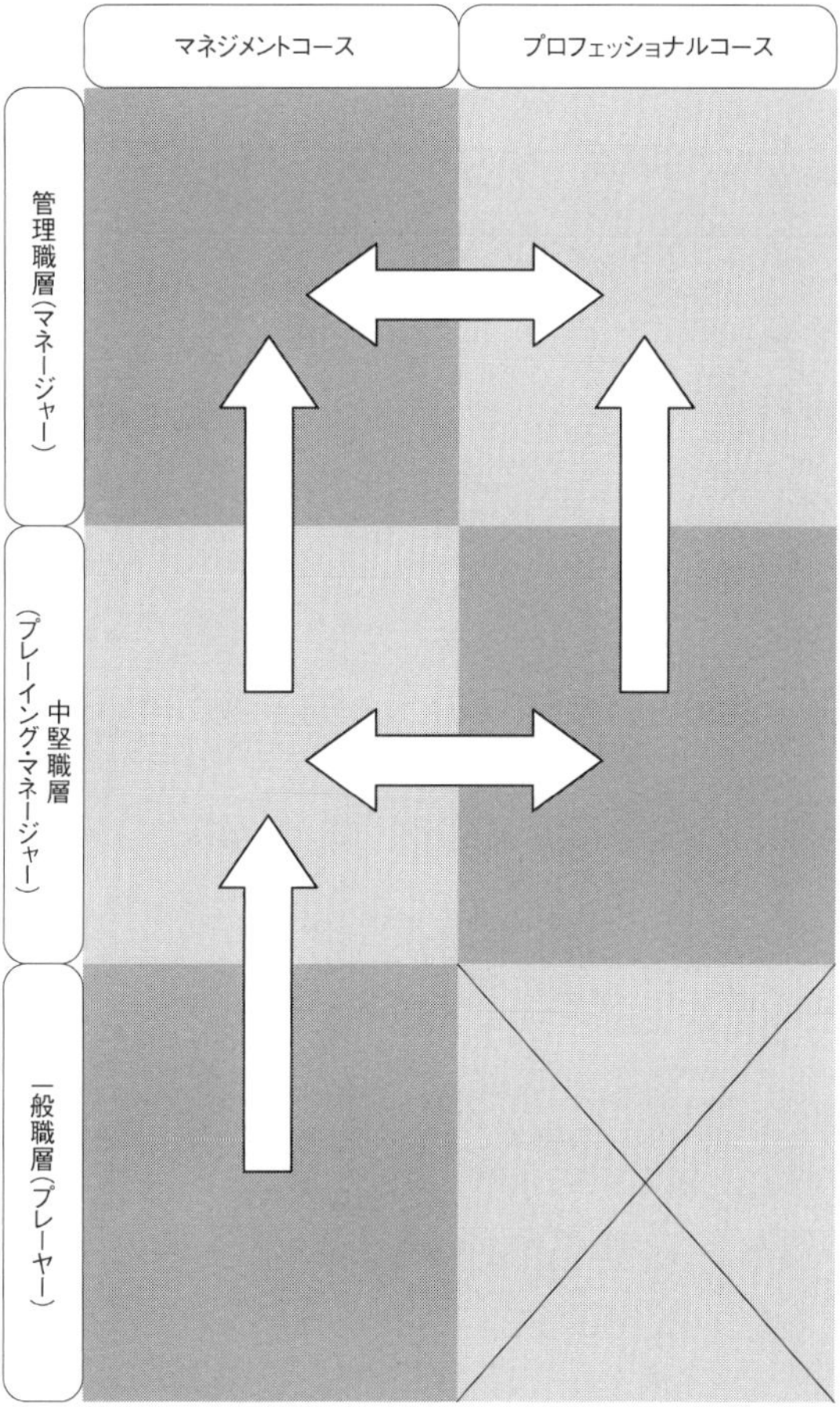

業種・規模は違っても、すべての会社で共通している

図表12　社員の昇給・賞与を決める成長の3段階

す。つまり、業績の実現に貢献した度合いは、成長段階によってまったく異なります。そのため昇給・賞与が違うのです。優秀な管理者と優秀な一般の社員、同じように優秀であるということで同じ昇給・賞与になるでしょうか。そんなことは基本的にはありえません。

社員の昇給・賞与を決める三つ目の要素「評価」とは

三つ目は評価です。評価といえば、一般的には昇給・賞与を決めるためだけに行うと考えられています。そのため、社員は評価が好きになれません。評価をする上司も同じように評価が好きではありません。それでも、評価はしなければなりません。なぜでしょうか。

本来、評価は社員の成長確認のために行うものです。社員がどこまで成長したのか組織的に確定しなければ、社員は自己育成ができません。上司も適切な指導ができません。社員の成長確認が、評価の正しい目的です。

もちろん、評価によって昇給・賞与は違います。しかし、昇給・賞与に差をつけるために評価するのではないのです。ましてや相対的な評価をするためでもありません。成長の度合いが違えば、昇給・賞与は異なります。これは差をつけたのではなく、同じように成長していったら、同じように高い昇給・賞与になれるということです。

ですから、社員は他の人と比べて昇給・賞与が低いと悩む必要はありません。自分も成長すれば、同じ昇給・賞与を獲得することができます。遅いか早いかの差だけです。今までもそうであったし、これからもそうであることに違いはありません。

107ページにあるような、いわゆる一般企業で使用している「評価シート」を、私は「成長シート」と呼んでいます。「評価シート」を見たことがない社員がいるかもしれませんが、こうした評価基準を細かく決めて、昇給等を決めているのが普通です。「評価」というと、経営者の視点で、上から良い悪いを判断するといった意味合いが強くなりますが、本来、社員にとって会社は成長の場ですし、会社も社員が育つことによって大きくなるのは当然です。社員が成長していくための評価、という意味合いを込めて、「成長シート」と呼んでいるのです。

社員のどこができて、どこがもっと成長できるポイントなのか、それが明確になるシートのつくり方を、ここで紹介しておきましょう。

まず、成長シートは、職種別、階層別に作成します。現在の組織に、仮に営業職、製造職、事務職といった職種が3つあり、成長の階段を一般職層、中堅職層、管理職層と3つの階層に分けたとすると、9種類の成長シートを作成することになります。

成長シートには、職種別や階層別に、上げてもらいたい成果とその成果を上げるためにやるべきこと（プロセス）を明確に言語化します。すべての成長段階にある社員が目指すべきゴールが示されるわけです。

成長シートをつくるうえで大切なことは、現実的な成長シートをつくるということです。経営者は、すべての社員により成長してもらいたいという思いが強く、ついつい理想的な成長シートをつくってしまいがちです。理想的な成長シートとは、優秀な社員の評価（＝成長の確認）をしたとしても、高い成長点数が獲得できない成長シートです。これでは運用に失敗することになります。「優秀な社員ですら50点しか取れなかった」。これではすべての社員の成長の目標とはなりえないのです。

成長シートは、その階層、その職種においてもっとも優秀と言われる社員をモデルに作成します。優秀な社員をモデルに作成しますので、その社員が高い成長点数、少なくとも80点以上取れることが条件です。

一緒に働いている社員が高い点数を取れるようになっていくことによって、すべての社員が段階的に成長し、いつか同じように高い点数を取れることを理解します。

最初は誰でも低い点数しか取れません。それで十分です。仮に、一般職層を卒業する、つまり一人前になるために80点取ることが必要であるとすれば、その階層で一人前になる年数、たとえば10年とすると、10年の歳月をかけて80点取れるようになればよいのです。一人前になるための年数が5年であれば、5年をかけて80点取れるようになればよいのです。20点から30点、40点と、徐々に点数を高めていけばよいのです。この仕組みが、社員を安心させ、成長することを可能にします。

そして、評価の度合いに合わせて処遇が変わることが、全社員に明確になることが大切です。社員の成長によって決まる昇給・賞与であれば、昇給・賞与の金額に不満を漏らすことはありません。自分も高い成長をすればよいだけだからです。そうして、企業は社員の成長のために日々指導をしていくことになり、教え合う組織、利益を上げられる強い組織ができるのです。

Case5

ファミリーショップ〈クリーニング業〉

各店舗で工夫したやり方を教え合うことが業績を上げるヒントに

創業社長が、社員からパート、アルバイトに至るまで家族のように接していた同社。しかし創業社長の急逝により、状況は大きく変わった。組織の活気が目に見えて低下してしまったのだ。それまでいわば家族経営のような形で操業していたため、人事制度もなく、遠間専務は危機感を持った。

確かに、雰囲気の良い会社ではあったが、従業員のがんばりを評価する制度もなかった。創業社長が亡くなってしまった今、このままでは従業員のモチベーションも下がり、定着率も下がる一方になる……。

そこで人事制度づくりに取り組んだ。

クリーニング業界は、平成4年からマーケットが縮小傾向にあり、価格競争も激化していた。そのため、同社は、以前から通常のクリーニング以外のオプションサービス、たとえば撥水加工や防虫加工などを「付加価値」と称して、付加価値を増やすことを推進していた。要は顧客単価を上げるということだ。

店頭に立つ従業員に対し、専務は「付加価値を獲得しなさい」と指導していた。

しかし、「付加価値を獲得する」というと、どうしても「お客様から無理やり、注文をいただく」というイメージが強くなる。そのため、心理的な抵抗を感じ、お客様に付加価値のあるサービスを勧めることに躊躇していた従業員も多かったという。

実際、このオプションサービスを36店舗で比較してみると、サービスの提供度が高い店舗と低い店舗があることがわかった。当然オプションサービスの注文率が高い店は顧客単価も高くなり、売上高も高くなる。

しかし、高いところと低いところがあるということは、まだまだ売上げを上げることが可能だということだ。

そこに同社は注目し、各店のオプションサービスの名前を「お役立ちメニュー」と変え、「お役立ちをしてください」と、各店のお役立ち率を算出するようになった。

お役立ち率の高い店は、全体の売上高が高い大型店舗ではなかった。売上げを比較すれば低いほう。とはいえ、お役立ち率の高さで、その店は褒められるようになった。

この評価の仕方によって、従業員の士気は大いに向上したという。店舗の大きさで有利不利が生まれないこと、そしてその日のうちに自分たちががんばった結果がわかることが大きな要因だ。

さらに同社は、実際にどんなことをしてお役立ち率を高めているのかということを、「お役立ち通信」として全店舗に共有化することにした。

「お役立ち率が高いことはすばらしいことです。そして、今行っている高いお役立ち率を達成する方法を、他の従業員にオープンにすることはもっとすばらしいことです」

というメッセージが全店舗に行きわたったため、各店の客単価のばらつきが縮小し、会社全体の業績を向上させることができた。

もし、こうした教え合う文化をつくることができなかったら、どうなっていただろうか。おそらく、業績の違いやお役立ち率の違いを指摘するだけになったり、店同士が好ましくない競争をするようになったりして、従業員は元気を失っていたに違いない。

現在では働く店舗の立地が離れていても、従業員はお互いがやっていることを知り、感謝し合いながらそのやり方を活用しているという。

関東近県にちらばる違う場所で働いている従業員たちが、一つの目標に向かうことにより、組織の団結力が高まった好例と言える。

第五章　組織のなかで稼ぐ力をつけるには

資格は足の裏の米粒

会社の評価も組織の風土も、自分は平社員だから関係ない、変えようと思ってもそんな権限がない……。会社も自分も成長できる道筋は見えたとはいえ、そんなあきらめのような気持ちを抱いている人もいるかもしれません。この章では、あなたがどんな組織にいようとも力をつける方法、雇用不安の時代の波にのまれないための方法を探ってみたいと思います。

会社の中で、どのようにすれば給料を増やすことができるのか――これは社員にとっては最大の関心事でしょう。評価基準がはっきりしていない会社の場合、社員は自分の将来、人生設計に不安を持ちます。どのように成長していったら、どう給料が増えるのか、それがわからないからです。

ゴールを示されないまま、マラソンしろと言われているようなものです。ところが、多くの会社ではその状態がまかりとおっています。

「これからマラソンをしてください。もちろんゴールは自分で探してください。心配しないで、君ならできるから。ぜひ上位入賞を目指してほしいなあ、いや、やはりトップを目指してほしい。ゴールしたあかつきには賞金をタップリ出しますから」

急に走れと言われてスタートしたものの、社員たちがその会社でこれからの40年間を走りきることは難しいでしょう。将来に不安を抱いたまま、現在の仕事にうちこみ、組織に貢献することは難しいからです。

こうした会社にいる社員は、自己防衛を強いられます。そして、誰の評価も受けず、自分の腕一本で稼ぐ方法がないかと考えて、さまざまな雑誌や本を読み、セミナー等で勉強するようになります。その中で見えてくるのが独立という道です。

今は資格取得を目指す人が増えています。特に人気があるのが、国家資格と呼ばれるものです。独立して自分の腕一本で稼げる仕事がしたいと、社会保険労務士や税理士、中小企業診断士等の資格を希望する人が増えているようです。

ところが独立のために必要なはずの資格ですが、現実的には「足の裏の米粒」と言われています。今後の独立に必要になると思って資格（米粒）をとることはとりますが、その資格（米粒）をとったとしても食べることはできない、ということです。

資格を持っていたとしても、それ自体で生活をしていける人は、ほんの一握りです。たとえば、名刺に保有資格名を書くことは、一つの自己PRにはなるでしょう。しかし、商売相手となる実際の顧客が求めているのは、資格を持っていることではありません。どういう形であれ、自社の問題点を解決し、元気にしてくれる知恵と力です。社内にいる人間だけでは解決できないことを専門の立場で解決すること、問題を解決する力が求められているのです。

では、そうした問題解決力は、どこで身につけることができるでしょうか。それは、今あなたがいる組織です。あなたの力を最も向上させる近道は、新しい資格をとることではなく、実は目の前にある組織の問題を解決することで力をつけることなのです。

資格よりも、まず社内で力をつける

何らかの縁で入った今の会社で、自分はどのように力をつけていったらいいのか。その方法について悩む方は多いのですが、今すぐ誰にでもできる方法があります。

一つ目は学ぶ対象を広げるということです。

新人でも社内で評価されている社員とそうではない社員は簡単にわかります。そのため、評価されている優秀な社員から多くのことを学ぼうとします。

そのこと自体は決して間違いではありません。ところが忘れていることがあります。優秀な社員は、そう多くないということです。10人の組織であれば、優秀な社員は一人か二人しか存在していません。そのため、学ぶ機会を自ら少なくしています。

学び方は二つあります。一つは「成功から学ぶ」ということです。そしてもう一つは、多くの人が忘れてしまいがちですが「失敗から学ぶ」ということです。

成功要因を学ぶことは大切ですが、圧倒的に絶対数が少なすぎます。一方で社内で数が多いのが失敗の数です。数多くの失敗から学べば、今までよりも3倍も5倍も多くのことを学ぶことができます。

失敗の理由は単純に能力だけではありません。それ以外にもさまざまな理由があります。準備が足りなかったという場合もあるでしょう。または社内の協力体制を上手につくることができなかったという場合もあるでしょう。顧客の対応が上手でなかったという場合もあるでしょう。さまざまな失敗の事例が社内に転がっています。それらから学ぶことによって、あなたには大切なことがタダで身につきます。

今後は同じ理由で失敗しないために、失敗要因を冷静に分析します。自分の失敗には言い訳がつい出てしまいます。岡目八目という言葉がありますが、第三者的な立場で失敗を分析することによって、そこからかけがえのない財産を得ることになるのです。それがすべての事例から学ぶ分析力となります。その上、失敗に対する忍耐力をつけることにもなります。

二つ目はその失敗した事例を基に、どのように成功することができるだろうかと仮説を立案することです。同じ失敗は意外と繰り返されています。一人の営業社員の失注の原因は、他の社員の失注の原因と同じだということはよくあることです。そのため、この成功のための仮説は組織全体の財産ともなります。

どうしたら成功するかということを考えることは、経験量を増やすことになります。「どうしたら成功するか」と自分なりの考えを持ち、自分の立場でさまざまな解決策を考えることによって、決してお金では買うことのできない大切な経験をすることができるのです。

この「自分ならどのように解決するか」ということを常に考えることは、その解決方法を可視化する習慣をつけることになります。これは、問題解決能力の必要要件です。

多くの社員は自分の経験だけを暗黙知として獲得していきます。つまり、成功してもどうしてそれが成功したのか、その要因が自分の中に埋没してしまいます。そのため、そこに優れたやり方があったとしても、それを説明することができません。すべて感覚でしか捉えることができません。それを経験則と言います。

経験則をたくさん持っていても、それを実際に形式知、つまり他の社員にわかりやすく説明して実行できるような形にしなければ、有効な価値のあるものとは言えません。形式知とは、マニュアルや手順書、段取り表などです。

本当の力とはあなたが考えていることを誰もが再現できるようにする力です。いわゆる再現化能力です。そのためには経験を可視化できるような形に言語化することです。

それから、三つ目はとても大切なことです。それは、プレーヤーの時代は基本的に社会人として一生に一度しかないということです。

前述のように、社員の成長には三つの成長階層があります。最初はプレーヤーの層、自分で仕事をして成果を出す層です。そこで優秀であると評価された社員は「一人前になった」と言われて、次の階層、中堅職層にステップアップします。自分の仕事のやり方で高い成果を上げながら、何人かの部下を指導する立場になります。そこでも優秀であると評価されると次のマネージャーの層、いわゆる管理職層に進みます。すべての社員がこの3つの成長階層を階段を上がるように一歩一歩成長していきます。

この長い会社人生の成長プロセスの中で一度しか経験できないこと、そしてなおかつ社員として最初の段階でしか経験できないこと、それがプレーヤーです。部下としてのプレーヤーの時代は基本的に一度しかないのです。

自分が部下として上司の指導を受けているとき、さまざまな感情が湧きます。ある上司に指導されたらとてもモチベーションが高まったという場合もあるでしょうし、ある上司に指導されて、とてもやる気を失ってしまったという場合もあるでしょう。

ではどうしてモチベーションが高まったのか、どうしてモチベーションが下がったのか。その原因を考えたことはあるでしょうか。「馬が合わない」。そんな場合もあるかもしれません。しかし、これで終わりにしてはもったいないのです。「どうして馬が合わないのか」。その上司の言動を分析することです。

部下であるときに、上司の指導によって自分の気持ちが大きく変化することを理解できれば、それは近い将来あなたが上司の立場になったときにすばらしい力を発揮することができます。組織の中で経験することは、すべて次の成長の段階で活用することができるからです。

そして「嫌」という感情、これはとても大切な感情です。あなたがもし上司に指導されてそういう感情を持ったとしたら、その上司に感謝をしなければならないのです。その上司がいなければ、いつか同じことを自分の部下になった社員に行ってしまった可能性があるからです。あなたは知らず知らずのうちに自分の部下のやる気を喪失させたかもしれません。その失敗をその上司は未然に防いでくれました。ですからその上司に感謝です。心から「ありがとうございます」。決して皮肉ではありません。

あなたは自分がやる気になったときやワクワクしたとき、それ以外のときも、上司のどのような言動によってその感情が生まれ、そして成長につながっていくのかということを、今の若い社員の段階で学ぶことです。この学びはマネジメントを実際に行うときに、大きな力となっていきます。これがマネジメント能力の基礎だからです。この基礎がない社員は「名選手名監督ならず」となってしまいます。名選手は、いつも評価が高く、上司から「嫌」な思いをさせられたことがないからです。

問題解決が社員を成長させる

問題のない会社はありません。とくに人事の問題なら、間違いなく、ほとんどの会社にあります。人事の問題は、業種・規模に関係なく発生しているのです。問題は、この人事上の問題解決に取り組んでいるかどうかです。人事の問題は、組織を強くするためにあると言えます。それがわかれば、苦労が苦労ではなくなるのではないでしょうか。買ってでもしたい苦労です。

問題がある職場とは、社員の成長を助けるチャンスの多い自己育成の道場であると考えられます。「うちの会社は社長の頭がかたいから」「どうしようもない会社だから」などと、あきらめモードになっていませんか。もちろん、簡単に解決できることではないかもしれません。でもそこから逃げ出さないで立ち向かうことができるかどうか。それが大切なことです。あなたの成長のチャンスだからです。

不思議なことに、職場の中で発生した問題から逃げ出した人は、新しい会社に転職しても、また同じ問題で苦しむことになります。

こんなたとえ話があります。

ある住宅地に、一つの家族が移住してきました。引っ越しをしてきた住人が、近所の家族に次のような質問をしました。「この辺にお住まいのみなさんの人間関係はいいですか。何か問題になっていることはありませんか」。その質問を受けた住人は、次のように答えました。

「あなたが以前住んでいたところではどうでしたか。人間関係はよかったですか。もし人間関係がよかったのであれば、あなたもこの場所で、同じくよい人間関係を築くことができるでしょう。でももし、人間関係が嫌になって越してきたとすれば、あなたはここでも人間関係に苦しむことになるでしょう」

現在の与えられている環境というのは、あなた自身の努力なしによくなることはありません。環境は与えられるものではなく、全員でつくるものです。重い腰を上げて取り組まない限り、そこで不足しているものは、永遠に手に入ることはありません。積極的に取り組むようになって、初めて力をつけ、恩恵を受けることができる。それは成長したあかつきの恩恵といえます。

問題を解決するたびに、人は強くなっていくのです。

もちろん、解決するための道のりは苦しいものです。しかし、ロールプレイングゲームのように、コントローラーを動かし、経験値を高めながら、現れる敵を倒してください。一度倒した敵は、二度と目の前に出てくることはありません。解決することによって、ステージが上がったからです。同じ問題がまた次に出てきたとしても、問題であるとすら感じないかもしれません。そうして元気に次の敵に向かっていくのです。この経験は一生ものです。今後どのように仕事を進むにしても、新しい会社で活路を見出すにしても、自分をアピールする最大のポイントとなるでしょう。

仮に人間関係の問題を解決したら、次のようにアピールすることができます。

「私はかつて人間関係の問題を解決したことがあります。具体的には、職場の社員の評価基準を見直しました。今まではお互いに教え合って成長するという風土がありませんでした。そのため一人ひとりが孤立した状態になっていました。ところが教えることを評価する仕組みが役に立ち、社員がお互いに教え合うようになりました。朝から元気に挨拶を交わす組織になりました。それからは定着率が10％も改善しました。それにより求人広告費も1年前と比べて50％削減できました。その後、評価を賃金へ反映させる仕組みもつくりました。社員の反対はありませんでした」

こんな内容でＰＲできる社員がいたら、どんなに不況になっても引く手あまたです。次の転職先でPRできることは、現在の会社で問題解決できたことのみです。

問題が発生したら「どうして自分だけなのか、本当に不幸な人生だ」と思わずに、「なんとラッキーな人生だ」と考えることです。

優秀な社員に共通のことがあります。それは「失敗が多い」ということです。失敗が多くてなぜ優秀になれたのか、不思議に思われるかもしれません。しかし、優秀な社員が優秀な理由は、失敗の数だけいろいろなことに挑戦しているということです。そういう共通の原則があるのです。

最初から優秀な社員というのはいません。どんな社員も、成功の確率はほとんど変わらないと私は断言します。違いは一つ、チャレンジする数が多いだけの違いです。

やったことが多ければ失敗も多くなりますが、その中でいくつか成功することがあります。たとえば、成功の確率が10％であれば、１００をやった人は10成功します。やることが少ない人は、10のことをやって１の成功になります。結果として、10倍の成功の差が出てきます。１００挑戦して10成功した社員、それを優秀な社員と表現するのです。

かつてマイクロソフトを創業したビル・ゲイツは「なぜあなたはこれほどまでに事業を拡大させられたのですか」という記者の質問に対し、次のように答えました。

「私は普通の経営者と比べて優秀だとは思っていません。しかし、他の経営者と違っていたのは、次から次と多くのことに挑戦したということだと思います。そのため、さまざまな失敗もしてきました。おそらく、同じ期間に他の経営者が行ったことの10倍以上のことをしてきたでしょう。ですから失敗の数も10倍多かったのです。しかしそのため、一方では他の経営者よりも多くの成功を生み出しました。優秀な経営者かそうではないかの差は、決して成功の数で説明できることではありません。多くのことにチャレンジしてきた、そのこと自体が私の事業を成功させた理由です」

一般の社員であってもまったく同じこと。チャレンジするかどうかが、あなたの成長を決めるのです。

成果主義に頼らず自分で道を開く

会社の評価というのは誰しも気になるものですが、私たちは、組織の〝見せかけの成果主義〟に振り回されない自分をつくることが必要です。そのことをふまえた上で、どんな会社でも評価される優秀な社員とはどんな人か、考えてみましょう。

・成果を上げられる社員であること
・成果を上げる方法・プロセスを可視化できる社員であること
・成果を上げる方法を他の社員に教えられる社員であること

これが、どこへ行っても評価される、優秀な社員の3大原則です。

ここで成果というと、多くの人が「私は会社が期待するほど大きな成果など上げていないからダメだ」とあきらめてしまいます。しかし、ここでの成果とは、成果の大きさという意味ではありません。

たとえば、会社の成果の中に、新規開拓件数があったとします。優秀な社員は、一カ月に5件の新規開拓件数を上げています。評価の低い社員は1件でした。5件の社員と1件の社員を比べると、1件の社員は何もしていないようにも思えます。

しかし、そんなことはありません。成果は0ではなく、1件上げているのです。

1件の成果を上げた社員は、少し前は0件でした。0から1。明らかに成果を上げています。この1件の成果を上げた方法・プロセスを明らかにできるか？　ここが大切です。

理由がわかれば、どんなに5件という高い成果を上げてもその理由がわからない社員よりも、評価は高くなります。

というのも、成果を上げる理由がわからなければ、いつも同じように高い成果を上げ続けることはできないからです。その上、他の社員に教えることができません。「君もやる気があれば成果を上げられる」と指導する人より、実際にその方法を明らかにし、人に教えられる人のほうが他の社員を成長させられます。成果を上げることより、成果を上げる方法・プロセスに価値があるのです。多くの人が、この分析ができないままに管理職になるので、部下に指導できないという現実があるのです。

最後には、他の社員に教えるということです。教えることとは、「話をした」「説明した」とは違います。教えた社員が同じように行動して、同じ成果を上げなければなりません。他の社員が同じように行動して成果を上げたときに、初めて「教えた」といえます。教えてもらう社員にも問題があることもあります。せっかく、やり方を教えようとしているのにもかかわらず、「私には私のやり方がある」と反発する社員もいます。そういう社員には、

「やり方は経験を積みながら改善されていくものです。あなた自身も数年後には、今とは違うやり方をしているでしょう。そうしてすべての人が成果を上げてきました。今もっと

も早く目的地に到着する方法は飛行機です。誰でもわかっています。ある目的地へ早く行く必要性があったときに、あなたは飛行機を一から開発しますか。それとも、目の前にある飛行機をすぐに利用しますか」

といった事前の説明が必要になることがあります。これをバカバカしいと思わないことです。なぜなら、あなた自身の成長になるからです。それが結局、自分の評価になって返ってきます。教えることの本質は、相手によくなってほしいという利他の心です。これがなければ伝わるものも伝わらないのです。管理者になってからそのことを経験することになります。これら3点が優秀な社員に対する評価です。でも、こんな苦労をして正当な評価を必ず受けることができるのだろうか？　結局のところ、社員の一番の心配はここにありますが、自分の成長を信じて日々考え、行動すべきです。

個人の生産性を上げるには

毎日のように増え続ける仕事の生産性を上げることは、社員にとって、自分のためになる重要なことです。生産性を高める方法がわからない人もいるでしょうから、ここでアレックス・F・オズボーンが考案した発想法を簡単にご紹介しましょう。オズボーンとは、会議などで使われるブレーンストーミングの考案者です。

ブレーンストーミングとは、ミーティングや会議等に出席する社員がお互いの思考を活用するという集団的思考技術のことです。参加者の役職や立場等にとらわれず、対等な立場・自由な雰囲気で他の意見を批判せずにアイデアを出し合い、さらにはそのアイデアを組み合わせて、参加メンバーのもっとも優れた考えや、やり方を導き出す方法です。一人で考えるよりも多くの考え方を取り入れることによって、すばらしいアイデアを導き出すことができます。

その発想法は「オズボーンチェックリスト」としてまとめられていて、生産性を向上させる工夫・改善のアイデアのヒントになることでしょう。

1 【転用】他に使い道はないか
2 【応用】他からアイデアが借りられないか
3 【変更】他の（方法）に変えられないか
4 【拡大】大きくしてみたらどうか
5 【縮小】小さくしてみたらどうか

6【代用】他のもの（方法）で代用できないか
7【置換】（順序）を入れ替えられないか
8【逆転】逆にできないか
9【結合】新しく組み合わせられないか

生産性を上げるための仕事の工夫改善に、この発想法をどのように活用していけばいいか、いくつか具体的に考えてみましょう。

1【転用】他に使い道はないか

自分と同じ種類の仕事をしている社員が組織の中には大勢います。たとえば、営業社員です。営業社員には、かなりの時間を費やす見積書作成という仕事があります。お客様から依頼を受けると、カタログ等を調べ、メーカーや問屋に確認しながら作成します。社員はその都度、新しい見積書を作成することになります。ところが、隣の社員が数日前に同じ商品の見積書を作成しているケースがあります。その事実を社員は知りません。

仮に、一度作成した見積書をデータベース化して、誰でも過去に作成した見積書を閲覧できるようにしたらどうでしょうか。本来であれば、1時間かかる見積書作成が、5分で完成してしまいます。見積書のデータベースは生産性向上の宝箱になります。

2【応用】他からアイデアが借りられないか

トヨタには、「ヨコテン」というトヨタ用語があります。情報を「横展開」するという意味の〝横展〟です。ある工場で、成果を上げる優れたやり方を工夫改善したら、すぐに他の工場へ教えなければなりません。工夫改善することは、すばらしい。そして、そのやり方を他の工場に伝え、共有化したらもっとすばらしいと評価が高まります。アイデアは自分だけで考えるものではなく、教え合うものです。

3【変更】他の(方法)に変えられないか

ある会社では、タイムカードは20日に締め、25日に給料の支給がされていました。5日間でタイムカードのチェックをしなければならないために、総務部の社員は、膨大な残業をしていました。

ところが、ある月から残業がゼロになりました。タイムカードをチェックせず、未記入等があってもそのまま支給することにしたのです。社員はタイムカードに未記入箇所がないかどうか、自分でしっかりチェックするようになりました。多少間違いはありましたが、翌月の給料支給日まで余裕を持ってチェックをすることができるようになりました。もちろん、残業ゼロです。追加支給の給料がある場合は、翌月で調整です。

ここまでが、オズボーンの発想法ですが、もう一つ付け加えます。

10【中止】それは止められないか

現在やっていることを止められないか検討するということです。しばしば、他の社員から引き継いだ仕事で目的不明のものがあります。「なぜ、それをしなければならないのですか」という質問に「わかりません。前の人がやっていたことですから」と返ってくることがあります。仕事にはすべて目的があります。この目的を再確認するだけでも、必要性のない仕事が見つかります。上司の事前の確認は欠かせませんが、「止める」ことを検討すべきでしょう。

たとえ、生産性を高めることを経営目標にしていない会社で働いていたとしても、社員にとって、仕事の工夫改善は仕事力を高めるためには不可欠です。そして、生産性を継続的に向上させるためには、データの記録が欠かせません。ある仕事にかかった時間を記録することです。そして、工夫改善することで、どのくらい時間が短縮できたか計測します。時間短縮できた分だけ、能力が向上したことになります。

上司に褒められなかったとしても、自分で自分を褒めてあげてください。誰に評価されなくても能力が向上しているからです。

稼ぐ力をつける方法1「組織のルール、態度を守る」

最近は、20代でも稼ぎたい、収入を増やしたいという思いが強い傾向があります。しかし20代というのは、稼ぎを考える時期では実はありません。

稼げる人というのはどういう人を言うのでしょうか。自分の仕事を、組織の中での一番いいやり方で行うことができ、それも誰の支援も受けずに行える人です。言い換えれば一人前になった人といえます。一人前になるためには、一人前になるための段階をふまなければなりません。一人前の社員になるためには、三つのステップがあります。企業の規模にも業種にも関係なく、それは基本法則です。

第1ステップは、「組織のルール、態度を守る」ということです。

組織の中には、組織人として守っていかなければならないことがあります。それはたとえば、協調性です。仕事を社内で役割分担し、一人ひとりが最後までやり遂げることです。一人だけが仕事ができても、組織全体の成果を上げることはできません。お互いの仕事をお互いにやりきること、そのためには、不足している部分をお互いに補う必要が出てきます。


野球やサッカーの選手は、チームワークを大事にします。チームワークとは、決して、みんなでワイワイ、ガヤガヤ、楽しくやることを指しているのではありません。

ピッチャーはピッチャー、内野手は内野手としての役割を果たすということです。内野と外野の中間に、相手チームのバッターが打ったボールが飛んできたとき、チームワークのよいチームであれば、どちらかの選手が、自分が捕ると大きくアピールをして、しっかりとキャッチするでしょう。しかし、チームワークの悪いチームは、お互い顔を見合わせて中間にボールがぽとりと落ち、エラーになってしまいます。

会社組織も同じように、お互いの仕事の中間に所属するような仕事が発生する場合が多々あります。それをどちらが行い、対処するのか。突然発生した仕事に対して、瞬間的に判断し行動しなければなりません。組織の中でこうしたことはいつも発生しますから、常に「協調性」を考える社員になっていかなければなりません。

「規律性」も仕事をする上で重要になります。組織には、守るべきルールがあります。朝9時に出社と決まっていれば、9時前に出社していなければなりません。1分たりとも遅刻するのは規則違反です。なぜ違反かといえば、その社員が遅刻することによって、他の社員に迷惑をかけるからです。

私はかつて勤めていた会社で、小売業では画期的な「完全週休二日制サービス残業なし」の勤務体制を構築したことがあります。この勤務体制は、高い生産性を実現していなければ維持できません。一人の社員も欠勤は許されません。遅刻すら許されないのです。通常であれば生身の人間です。病気やケガをすることもあるでしょう。交通事情もあります。何らかのアクシデントがあって遅れる可能性もあるかもしれません。

しかし、遅刻や欠勤があったら、サービス残業なしで高い生産性の組織をつくることはできないのです。全員がこの意識を持ったとき、不思議と、病気やケガをする人も少なく、交通機関でのアクシデントに巻き込まれることも少なくなりました。常にそういう考え方を持つ従業員へと、意識が変革されたからだと考えられます。

また、素直さが大切といえるかもしれません。私たちは経験を積むことによって、素直さという人間の最大の武器を失っていきます。たとえば、あなたの隣に優秀な社員がいたとしましょう。その社員は成果を上げるやり方を工夫し、組織の中では最大の成果を上げていたとします。

ところが自分の経験が邪魔をし、優れたやり方を学ぼうという気持ちを失わせてしまうことがあります。素直な社員は学びが早い。つまり成長が早いということになります。新人であろうがベテランであろうが同じです。成長している社員は、素直であることが条件であるとすら言えるくらいです。中途社員の中で転職回数に関係なく、成功していく社員とそうでない社員の最大の違いは、こういった勤務態度の違いにあります。

最初に勤めた会社がこの勤務態度において、厳しく指導する会社か、あまり指導することのない会社かによって、社員の人生も大きく変わってしまうと言えます。

稼ぐ力をつける方法2「知識・技術を習得する」

第2ステップは、職場の中で学ぶべき知識・技術を習得するということです。学ぶべき知識や技術の数は、職種ごとに200種類以上あるといわれています。可視化されていないかもしれませんが、一つ一つ確認していけば、それくらいの数になるものです。一人前になって仕事ができるようになるためには、こうした知識・技術をすべて習得しておく必要があります。

学校では学ぶことに対して学費が請求されますが、会社はありがたいものです。社員がこれからの社会人生活の中で必要となる知識・技術を、すべて無料で学ばせてくれるのです。知識・技術を学ぶということを通じて、社員は最強の力となる「学び方」を身につけます。学び方が身につけば、違う仕事をした場合でも必ず役立ちます。

学びはじめた当初は、うまく習得することができません。悩みも多いでしょう。しかし、腰を据えてじっくり学ぶことが大切です。それも頭で学ぶのではなく、体で覚えることになります。学校時代の教室での学びは、すべて首から上、理屈で物事を学んできました。一人前になるまでには、首から下で物事を学ぶことになります。

たとえば、自転車に乗る技術があります。誰にも経験があります。小さい頃、初めて乗ったときにはなかなか上手に自転車を乗り回すことができませんでした。

何度も転んだでしょう。ケガをしたこともあるかもしれません。壁に激突したこともあるかもしれません。体にあちこち傷を負いながら、いつしかすいすいと自転車を乗りこなすことになります。その頃には、自転車に荷物を積んでもへっちゃらでしょう。急なカーブもすいすいです。坂道も細い道も思うがままです。

車社会になってしまえば、自転車に乗る機会はないかもしれません。しかし、ある時、必要があって自転車に乗ることがあるとします。あなたはひょいっと自転車にまたがり、あたかも毎日自転車に乗っているように動かし、乗りこなすでしょう。技術とはそういうものです。

自分の体に染み込ませること。知識も、決して頭の中での理解ではなく、自分の体が反応するような状態にすること。その状態を身につけなければなりません。

稼ぐ力をつける方法3「失敗を恐れずやり遂げる」

第3ステップは、学んだ知識技術を生かして、やるべき仕事をやり遂げるということです。組織の中では、さまざまな仕事が役割分担されています。分担された仕事は、きちんとやり遂げなければなりません。始めたばかりのころは、仕事が何もできない状態でしょう。そしてそこからスタートです。次に失敗することです。

失敗のない成功はありません。上手にやろうと思っても完璧にやろうと思っても、必ず不十分なことがあり、失敗することがあります。失敗をしないで上手に仕事ができた人は組織の中で誰もいません。失敗の数は、誰でもほとんど同じでしょう。ただ、失敗の数を長い間かけて経験するのか、短い時間で経験するのかの違いです。優秀さとは失敗の数の少なさではありません。失敗をすることを恐れず、早期に失敗を繰り返すことです。これによって、仕事ができるようになるということです。

さらに、一人前と周囲に認められるようになるには、次のような3つの段階を踏む必要があります。

①その組織においてもっとも基本的なやり方とされる方法で仕事をすること　②常に新しくなっているもっとも優れた方法でやりこなすこと　③自分の優れたやり方を他の社員に教えること、という3段階です。

自分の仕事ができれば一人前、とは言えません。一人前になったということは、仕事を他の社員に教えて、自分と同じように成果を出せる社員にすることとイコールです。最後の段階で、他の社員にも教えていくことができるかどうか――これがあなたの次の成長を大きく左右します。これがいわゆる〝上司の仕事〟だからです。上司になる前に、あなたにも準備が必要です。

教えることは二度学ぶこと

一人前になる最大の準備は、自分が学んできたことを、すべて他の社員に教えることができるかどうかということです。一人前の準備ができた社員は、すでに高い成果を実現していることでしょう。

しかし、それでは不十分です。なぜ自分が高い成果を上げることができるのかということを、あなた自身が理解していないからです。

あるときの会議の席上で、あなたは「なぜ今回、高い成果を上げられたのですか」と聞かれたことがあったかもしれません。なんと答えたでしょうか。「やる気があったからです」「最後まであきらめなかったからです」。

確かにその通りです。しかし、これでは成果の上がっていない社員との違いを説明したことにはなりません。成果の上がっていない社員も、一生懸命仕事に取り組んでいます。やる気を持ってその仕事に取り組んでいます。しかし、残念ながら成果を上げることはできませんでした。

成果を上げているあなたと、そうでない社員との違いは、やる気ではありません。あなたがその仕事を、優れた方法でやっていたということです。仕事には、すべてコツがあります。とはいえ、ウルトラCのような驚きのコツを持っていることはまれで、基本的には、ちょっとした違いが大きな差を生んでいるのです。

こんな例があります。B社では、法人営業をするため、必ず新規開拓の場合には担当者に会わなければなりませんでした。しかし最近、首都圏では、人員削減の折もあって、訪問先の会社の受付に人がおらず、電話が置いてあるだけというところが増えました。

B社の営業社員は、受付の電話をとって、訪問の理由を伝えなければなりません。けれども「本日は営業の挨拶でおうかがいしました」などと言ったら、なんと答えられるでしょうか。電話を取った担当者は言うでしょう。「申し訳ありません。受付の電話の前にも書いてありますが、営業はすべてお断りをしています」と、にべもなく、電話を一方的にガチャンと切られるのがおちです。

ところが、B社の中のある営業社員だけは、次々と新規開拓をしていきました。社内の「どうして成果を上げることができるのか」という問いに対して、彼は、「根性でぶつかるだけです」と答えました。確かに根性はあったでしょう。

しかし、それには隠されたコツがあったのです。その営業社員は、受付の電話を無視して、訪問先のドアを開け、突然「こんにちは」と入室してしまったのです。訪問されたほうは蜂の巣をつついたような騒ぎになります。「営業お断り」という張り紙も無視し、受付の電話もかけずに、突然、営業社員が入ってきたのです。社内は、どう対応していいかわからず、あわてて奥のほうから責任者が飛び出してきます。

「君は誰だ、何をしに来たんだ」

営業社員にとってはチャンスです。入室した理由を聞かれたのですから。名刺を渡しながら、一つ興味を引くトークを投げかけます。担当者は言うでしょう。

「困るよ、キミ。でもキミの話は初めて聞いたよ。面白そうだね。もう少し詳しく話を聞かせてくれるか」

そういって、5分間だけという条件で話をすると、「なかなかいいね。ところで資料は持っているのか」と、話を聞いてもらうことができたというわけです。

この営業社員の優れたコツとは何だったのでしょうか。受付を無視して訪問先に入室してしまうということです。成功した営業社員は、そのコツを社内でオープンにしなければなりません。もちろん、すべての人が同じように成果を上げることはできないかもしれません。自信なく行えば、同じような結果を生まない可能性もあります。場合によっては、成功した営業社員が、実際のやり方を他の社員に見せる必要があるかもしれません。または、模擬訓練、ロールプレイングで練習してもらう必要もあるかもしれません。

人に教えることは簡単ではありません。教えるためには、違いを明確にし、そしてその人なりのやり方で、同じような行動をとらせなければならないからです。話をしたということと、教えたこととはまったく違います。教えた社員が同じような行動を取り、同じような成果を上げたときに、あなたは初めて学ぶことがあります。それは、成果を上げる自分のやり方がはっきりとわかるということです。これが一人前になったということです。

最低でも5年、通常であれば10年の年数をかけて新卒社員は一人前になっていきます。この間は、基本的に給料が増えることはありません。一人前を育てる会社としては、逆に授業料がほしいくらいでしょう。ですから、若いときに自分の給料の多寡について考えすぎることは、あなたの今後の成長を妨げることになるとも言えます。

若いときの昇給は生活保障としての昇給と考える

もちろん、若くて一人前になる前であっても昇給はあります。それは「生活保障給」だからです。

経済社会とは不便なものです。年齢を重ねて活動範囲が広まっていけばいくほど、生活費は否応なしに増えていきます。住居関係、交際費、自己育成のための自己投資もあるでしょう。しかし、残念ながら、能力の向上はまだそれほどありませんので、基本的に、会社側は初任給で据え置きたいというのが本音でしょう。しかし昇給があります。その昇給は、あなたの成長に合わせて支給されたものではなく、ほとんどが生活保障給です。

給料の中には「属人給」といわれるものと、「仕事給」といわれるものがあります。

属人給とは、年齢給や勤続給のことです。年齢に合わせて給料が増えるのは、あなたの生活を保障するのが目的です。年齢に応じて増えていく支出を少しずつ補うもの、それが年齢給です。または勤続給。あなたがこの会社で勤続をし、年功を重ねていくことに合わせて支給されるようになるものです。

これらは評価によって増えるものではありません。給与明細の項目が明らかになっていないとしても、一人前になる前に給料が増えるとすれば、それはすべて属人給的なものと考えなければなりません。

そして、仕事給の昇給があります。つまり、あなたの成長に合わせて増えていく給料です。この合計が、あなたの1年間の昇給額となります。

この段階で、あなたが「評価によって増えた給料が多い」「少ない」などと話すのは避けてほしいのです。通常は、入社した段階では初任給に関心があり、初任給が少しでも大きい会社を選びたいという気持ちがあります。入社した段階ではすべての社員がその初任給で入社していることになります。ところが、入社後に給料が少ないという発言をしてしまうことがあります。それは給料を比較することで生まれる考えです。他の社員との比較、社外の友人等との比較、またはニュース記事や統計データとの比較。さまざまな比較をもって自分の給料の多寡を考えてしまいます。

しかし本来、他人と給料を比較することは、決して単純ではありません。比較する場合は、次の比較する条件を、すべて明らかにしなければならないからです。

・年齢
・雇用形態
・労働条件
・職種
・学歴
・勤続年数

・役職
・地域
・企業規模

与えられた条件があまりにも多いため、単純に比較はできないのです。単純に多い少ないだけで発言をしてしまえば、あなたは生活保障給的な昇給に対しても不満を言ったことになってしまいます。

自分で仕事を優れたやり方でやりこなし、大きな成果を上げて組織に貢献する。それが明確にならない限りは、給料が増えることは基本的にありません。簡単に他人と給料を比べ、仕事のモチベーションをすぐ下げてしまうなら、それは本末転倒です。

はじめはただひたすら、今の組織において一人前になることを考えていかなければなりません。そして、一人前になった後のあなたの成長によって、どのようなものを得られるかということを考えていかなければなりません。

若いころから、小才の利く社員にならないことです。天狗にならないということです。失敗を会社は許してくれます。一生懸命取り組んだことは誰もが理解をしてくれます。そして、何度も何度も振り返ってください。そうしてしっかりと自分の体の中に染み込ませていく、そんな学び方をしていけば、必ず実力がつき、会社の評価にいちいち振り回されない自分をつくりあげることができるのです。それはいまのような雇用が不安定な時代にはなおさら、あなたの一生の武器になるのです。

あとがき

一般的に経営資源と言えば人・金・物・情報です。つまり人も経営資源の一つです。企業が世の中に貢献しながら存続・発展に必要な利益を獲得するためには、この4つの資源が大きく影響しています。これを経営のレベルで考えると、良い社員というのは、少ない賃金で高い成果を上げる社員であるという解釈が成り立ちます。人を上手に活用することが大事であることもわかります。

必要なときに必要なだけ、効率的、効果的に人を活用する。企業という形態が生まれてから、これは大きなテーマの一つです。このテーマに従って、現在の日本では正規雇用の従業員だけではなく、非正規雇用の従業員、そして派遣社員というものまで生み出してきました。

これは企業の利益を最大にするために生まれた雇用形態と言っても過言ではありません。

この新しい雇用形態によってどれだけの企業が恩恵を受けているのかを考えれば、理解できます。上手に利用している企業も確かにあります。

最近では、新たに人を商品として扱う人材紹介業は規制緩和によりハローワーク（国の事業）から民間企業へと原則自由になりました。この業界では、人を高速回転するほど利益が上がります。だから、会社を紹介する登録者にそっと耳打ちする派遣会社もあるかもしれません。

「嫌だったらいつでも辞めて戻っておいで。もっといい会社を紹介するから」

その言葉を真に受けてしまった登録者は、嫌なこと、辛いこと、大変なことがあったら、また紹介してもらえばいいやという気持ちが、最初の段階から生まれてしまいます。

自分にとって大変なこと、つまり壁が発生するのは当たり前のことです。そしてそれを乗り越えることは自分の成長の機会であったはずです。ところが、その成長の機会を、こうした就職方法が奪ってしまっているのです。現実問題として、35歳を過ぎると転職の適齢期も過ぎてしまいます。35歳を過ぎると、専門的な能力がなければ採用の機会は極端に少なくなるのです。新たな問題が生まれつつあります。

この責任は、はたして誰にあるのでしょうか。これが資本主義の実態だとあきらめなければならないのでしょうか。

　実は私はけっこう楽観視しています。こんなに厳しい環境が続いている中で、新しい経営者が誕生しているからです。新しい経営者とは、社員を経営資源ではなくパートナーとして考えている経営者です。社員を売上げや利益を上げるための「資源」として考えていないのです。その新しい経営者は異口同音に次のような発言をします。

「社員を成長させたい。そしてもっと収入を増やしてあげたい」

　この発言自体、新しい時代の幕開けだと私は考えているのです。新しい経営者像、新しい価値観が生まれてきた証拠です。過去5年間に、私はそんな考えを持つ356人の経営者へ、人事制度の構築と運用のノウハウを提供してきました。その経営者たちは、「即戦力」を当てにせず、社員を成長させる仕組みづくりに取り組んでいます。それも真剣に取り組んでいます。ダメな社員だからと言って、あきらめて切り捨てることはありません。中途社員の成長支援にも全力で取り組んでいます。

　これからの時代、あなたは自分のやりたい仕事、関心のある仕事、自分が成長すると考えられる仕事、自分が活躍できると思う仕事、それを明確にしてください。給料の多い少ないは二の次です。頭の片隅にでも追いやってください。

なぜそんなことを提案するのか。それは、あなたが成長したら、給料は間違いなく増えるからです。ですから、雇われる側は「給料」よりも、「新しい考えを持つ経営者」を探り当てることのほうが、今後は大事なことになります。すばらしい会社かどうかは、企業規模ではかることではないと早く気づく必要があるのです。

すばらしい使命感やビジョンを持ち、企業を経営している経営者は、広い世の中にいるものです。これから何十年も働く企業のその〝根本〟となる経営理念に、あなた自身が共感しなければなりません。

これからは、働くことを真剣に考えなければならない時代になります。給料の多寡だけで会社を選ぶ、そんな時代は近い将来過ぎ去ってしまうでしょう。

私たちは、今の世の中で、経済的なこと、働いて生活することは大変だ、という意識を持っています。しかし、誰と比べて大変なのでしょうか。自分よりも豊かな人と比較してばかりでは、感謝の気持ちは生まれません。

戦後に苦しい生活をしてきた私の親の年代は、食べるものもない時代でした。本当に一生懸命働いても食べることができない時代、外食といっても、あるのは町のラーメン屋さん、そんな時代が確かにありました。

今では贅沢を言わなければ、ほとんどの物が手に入ります。ところが一方では、まだまだ明日の命も保障されない、一日1ドル以下で生活している人たちが、世界には10億人もいます。その人たちと比べたら、十分幸せな時代に生きています。そのことに私は感謝をしたいと思います。

そして私たちが生まれてきた理由を、ほんのひとときでも考えたいと思います。私たちが生まれてきた理由は、世の中に貢献をすることです。どのような形で貢献するのか、その貢献の場所と自分の成長の場を与えてくれるのが会社だと私は考えます。ですからそこでじっくりと自分を掘り下げてください。

そしてあなたがこの世を去るときの最期の一言を、想像してみてください。あなたが最期に息を引き取るとき、あなたの周りにはあなたの家族が集まっているでしょう。その家族に一言告げることができたとしたら、どんな言葉を残したいでしょうか。

「私は自分の生涯を、世の中に○○で貢献するために捧げてきた」

「○○のためにがんばってきた」

そんな言葉にならないでしょうか。「私はこれだけの財産を残した」と自分の人生を誇る人はほとんどいないと思います。ですから、私たちが今考えなければならないことは、自分が働く意義、目的を明らかにすることです。

人の幸せはさまざまです。何に価値を見出すかも自由です。しかし、人生の中で「働く」ということは、共通して人生の長い時間を占めます。ですから、どのように働くかということによって、自分の目標とするすばらしい固有の人生を獲得することができるかどうかが決まります。そのことに、いつ気がつくか、です。

そのためには、今の会社にじっくりと腰を据えて学んでください。これから新しい会社を探す人も、そのことを忘れずに記憶して、活動してもらいたいと思います。

あなたが目標とする固有の人生を、「働くこと」を通じて獲得できることを、心より願っています。

〈付録〉

キャリア、人間関係、トラブル、組織問題……

悩んだときの仕事の鉄則

■キャリアで悩んだとき

●蒔《ま》かぬ種は生えぬ

〈何もせずに何かを得ることはできないということ〉

何かを得るためにはその種を蒔かなければなりません。期待する成果を具体的にし、そのために動かなければ、ただ期待していてもその成果を得られることはありません。りんごが欲しければりんごの種を、みかんが欲しければみかんの種を蒔かなければならないのです。あなたは五年後十年後、自分という木にどんな実をつけたいのか、考えて行動しなければ実現することはありません。

●雨垂《あまだ》れ石を穿《うが》つ

〈雨垂れのように小さな水滴でも、長く一つの場所に落ちつづけるとその下にある石に穴をあけるように、微力でも根気よく続ければ成就するということ〉

どんな仕事も当初は大きな成果を上げることはありません。しかし、根気強く続ければ間違いなく成功に繋がります。

●犬も歩けば棒に当たる

〈外に出て歩けば思いがけない幸運に遇うことがあるということ〉

ある仕事のプロになるにしても、最初は下積みのような仕事が多いものです。しかし、それを嫌だといって避けていてはプロにはなれません。とにかくやってみること。それをコツコツと続けることで、いつか突然花開き、大きな飛躍となります。

● 嘘から出た実《まこと》

〈初めは嘘だったことが、結果として本当になってしまうということ〉

新しい仕事や難しい仕事を前にして、自分はできないと考えてしまうことがあります。しかし、本当はできないと思っていたとしても、「自分にはできる」と自分に嘘をつき続けて取り組むうちに、いつかはその仕事ができるようになります。

● 後の祭り

〈お祭り後の山車《だし》のように、適当なタイミングが過ぎてしまえば役に立たないということ〉

やってしまった後に悔いることは多くあるでしょう。しかし、会社の中ではやらずに後悔するよりも、やって後悔するほうが間違いなく成長します。

● 得手《えて》に帆を揚《あ》げる

〈自分の得意とすることを実行する機会が到来し、勢いを摑んで事に当たるということ〉

人間には得手と不得手が必ずあります。自分の成長を考えるためには、何が得手なのか何が不得手なのか確認しておくことが大切です。不得手なことを克服することも大事ですが、得意なことをさらに磨くことで人間はますます成長・発展します。そして、いつか自分の得意なことで仕事をするときがきたら、思う存分力を発揮してください。

● 先《さき》んずれば人を制す

〈他人よりも先に行動を起こせば、有利な立場に立

つことができるということ〉

最初にやることには何事にもリスクがあります。しかし、リスクを考え過ぎてぐずぐずしていると、そのことをやる価値が少なくなってしまいます。考えて計画を立てること自体は重要ですが、それは失敗しないためだけではなく、安心してすぐに手を打つためです。

天は自ら助くる者を助く

〈天は自分自身で一生懸命努力する者を助けるということ〉

神頼みという言葉がありますが、何も努力せずに成功することは決してありません。人に頼ってばかりではなく、自分でなんとかしようと試みることが大切です。

自分を磨くことに役立つ他人の言行

自分の周りにいる人の言行は、どんな人のものでも自分を磨くために役立てることができます。それは、自分の部下や後輩であっても同様です。

天に唾《つば》する

〈他人を妨害しようとすると、逆に自分に災難が降りかかるということ〉

会社の中では社員同士は競争関係にあります。その競争も好ましいものであればお互いの成長になります。切磋琢磨するということです。切磋琢磨という言葉はお互いに競争し合うことによって成長することを言います。そのようにならなければなりません。他人の成長を妨げて、つまり他人を蹴落とすことで自分が上に行こうとすれば、必ずその行いは自分に返ってきます。

● 二兎を追うものは一兎をも得ず

〈二つの物事を同時に得ようとすれば、結局どちらも得られなくなるということ〉

会社に入ったら、あれこれ学ぼうとせず、一つの仕事にじっくり取り組み、学ぶことが大切です。その姿勢が後に役に立つからです。学び方を見つければ次の仕事を覚えるスピードも速くなります。

● 殷鑑《いんかん》遠からず

〈諫めとすべき失敗の事例は、遠い昔の文献ではなく身近なところにあるということ〉

上司や先輩も同じような失敗をしている可能性があります。そのため、仕事をするときには必ず上司や先輩に相談することです。そのことによって同じような失敗を避けることができます。

● 餅は餅屋

〈餅は本職である餅屋がついた餅が一番おいしいように、物事にはそれぞれ専門家がいるということ〉

会社に勤めてから、「その道のことはあなたに聞くのが一番早い。餅は餅屋だから」と言われたら、これ以上ない褒め言葉です。

● 桃栗三年柿八年

〈桃と栗は芽が出てから三年、柿は八年経って実を結ぶということ〉

すべてのことが成就にはそれ相当の年数がかかります。早く一人前になりたいという思いはあるかもしれません。しかし、どの仕事においても一人前になるために必要な年数というものがあるものです。その年数分じっくりと学ぶことによって、必ず実をつけることができる、成功できるということです。

人間関係で悩んだとき

雨降って地固まる

〈雨が降って地面がゆるんだように見えても、そのあとには以前にも増して地面が固まることから、一見悪いことに思えることが起きたおかげで、かえってしっかりとした良い状態になるということ〉

組織の中で人間関係上のトラブルが発生することがあります。しかし、そのトラブルが発生することによってお互いの価値観・考え方の違いがわかり、お互いを理解することができます。そしてそれまで以上に人間関係が良くなることがしばしばあります。

良薬は口に苦し

〈病気を治す良い薬は苦い。身のためになる忠言は聞きづらいということ〉

飲みにくい苦い薬は、大いに効き目があります。自分のために言ってもらえる注意や戒めの言葉は、聞く者にとって辛いかもしれません。しかし、常に自分のためであることを思い出さなければなりません。誰も好き好んで他人の嫌な顔を見るために注意しないからです。

● **渡る世間に鬼はない**

〈世の中には鬼のような人ばかりではなく、情け深い人もいるということ〉

世の中を見渡すと慈悲のない鬼のような人ばかりがいるように思えることがあります。しかし一方では人情に厚い人がたくさんいることを忘れてはいけません。あなたが誰かや何かに辛い思いをさせられているときにも、それを見ている誰かが必ず情けをかけて助けてくれます。

● **出る杭は打たれる**

〈優秀なものは他人から快く思われず妨害されるということ〉

優秀であるというだけで、人から恨みを買ったりするものです。組織の中で優秀であることを鼻に掛けようものなら、その後、一切の協力が得られなかったりします。出る杭になることは大切です。しかし、他の社員に感謝することを忘れてはいけません。

● **情けは人のためならず**

〈情けを他人に掛けると、そのことが巡りめぐって最後には自分に返ってくるということ〉

社内で困っている人、大変そうな人を見かけたら手助けをしてください。そのことによって結局、自分が助けられることになります。

●下手の考え休むに似たり

〈下手な人がいくら考えても時間が無駄になるだけで何の妙案も浮かばないということ〉

組織の中には物事を知っている人がたくさんいます。ノウハウを持った人もたくさんいます。自分がこれからやろうとしていることについて熟知している人に聞けば、その組織で最も優れたものを得ることができます。このことが新人の成長のスピードを飛躍的に高めます。わからないことや苦手なことを一人で解決しようとせず、優れたものを持っている人にきくことは大切です。

●同じ釜の飯を食う

〈一つの釜で炊いたご飯を一緒に食べるほど生活を共にした親しい間柄であるということ〉

一緒にご飯を食べていると、打ち解けた状況がつくりやすく親しくなれます。そのため、会社によってはランチミーティングを行ったり、食事会を行ったりします。それによって急速にお互いを知り合うことができます。同じ職場で働くということによって親しい間柄になるということもできます。

●亀の甲より年の功

〈長い間積み重ねた経験は尊いものであるということ〉

人間にとって大切なことは年の功を積むことです。現在の仕事で年齢とともに経験を積み重ねることで、年の功を積むことになります。年功序列の年功とは、この年の功のことです。

● **角を矯《た》めて牛を殺す**

〈小さな欠点を直そうとして全体をダメにしてしまうということ〉

上司は自分の部下を良くしてあげたいと思うあまり、どうしても欠点が目についてしまいます。その欠点を直すことに気を取られてしまい、部下のいいところを忘れてしまい注意ばかりし、部下のいいところを忘れてしまいがちです。これでは部下の力を高めるどころか、成長をとめてしまいます。

● **青は藍《あい》より出でて藍より青し**

〈教えを受けた者が教えた人よりも優れるということ〉

マネージャーの役割は自分よりも優秀な社員を育てることです。マネージャーと部下の成果の高さを競わせたりせず、部下を成長させたことでマネージャーを評価する仕組みをつくると、マネージャーは成長し、組織はますます発展するようになります。

● **親の心子知らず**

〈親が子どもにどれほど愛情を注いでいるか、そのためにどれほど苦労をしているかは、子ども本人にはわからないということ〉

親の心がわかるのは、自分が親の立場になってからです。上司が部下に成長してもらおうと努力をしていることを理解できるのも自分が上司の立場になってからです。

● **可愛い子には旅をさせよ**

〈子どもが可愛いのなら、手元に置いて甘やかすよりも世の中に出してつらいことなどを経験させたほうがいいということ〉

子どもが可愛いとつい甘やかしてしまいます。これではいつまで経っても独り立ちできることはありません。同じように、部下が可愛いからといって社会の辛いこと、大変なことを経験させないでいると、いつまで経っても一人前にはなれません。社会に出れば大変なことや辛いこと、前例のないことに出合います。それに積極的に挑戦させる上司こそが、本当に部下のことを思っている上司と言えます。

■トラブルで悩んだとき

●羹《あつもの》に懲りて膾《なます》を吹く

〈熱いお吸い物を飲んでやけどをしてしまうと、ついつい膾のような冷たい料理にも息を吹いて冷ましてしまうことから、必要以上の用心をすること〉

一度失敗してしまうと、次は失敗しないようにと過剰に用心し、場合によってはその仕事を避けるようになります。このままではいつになっても成長できません。

●禍《か》福《ふく》は糾《あざな》える縄の如し

〈災いや福は交互にやってくるということ〉

ずっと災いがあったり福が続くことはありません。そのため、悪い出来事に落ち込んだり、良い出来事に過度に有頂天になったりすることに気をつけなければなりません。

●昨日は人の身今日は我が身

〈他人に起こったことがいつ自分に起こるかわからないということ〉

災難というものはいつ発生するか予測できません。他人の不幸や災難を他人事だと思わず、自分の戒めとしなければならないのです。また、もし隣に困っている社員がいるとしたら、その社員に手を差し伸べてください。そのことで、実は自分に同じ問題が発生したときに簡単にクリアできるようになります。困っている他の社員を積極的に支援したことが、後になって自分に返ってきます。

● 窮《きゅう》すれば通ず

〈行き詰ってどうにもならなくなり万事休すと言うところまで至ると、ちょっとしたきっかけで解決の糸口が見つかるということ〉

会社の中で発生する問題には簡単なことも難しいこともあります。難しい問題であっても逃げずにとことん考え、健闘を尽くすことが重要です。突然の閃きのように解決策が見つかることがあります。とことん考えたことに対する恩恵と言えるかもしれません。

● 怪《け》我《が》の功名

〈最初は失敗や災いだと思っていたことが、思いもよらない良い結果をもたらすということ〉

お客様からのクレームは突然やってきます。その対応には苦労がつきまといます。ところがそのクレームにしっかりと対応することによって、クレームを言ったお客様が固定客になることがあります。まさに怪我の功名です。

●転ばぬ先の杖

〈何かにつまずく前に、杖を持っていれば転ばなくて済むということ〉

新しいことをするときは特に、失敗する可能性が高くあります。ですから事前に上司に相談することが必要です。また、上司も部下が新しいことや失敗の可能性があることに取り組む際には、部下の業務の内容を確認することが必要です。そのことによって失敗しないで済むようになります。

■組織問題で悩んだとき

●三つ子の魂百まで

〈小さいときに形成される性格は成人しても変わらないということ〉

組織に入ってからの三年間は重要です。社会人になってからの三年間に在籍していた会社の組織風土によって、社会人として必要な価値観や考え方が形成されてしまいます。自分の将来を考えるならば単純に賃金の多い少ないや、雇用条件ばかり気にせず、組織風土を見て会社を選ばなければなりません。

●鶏口《けいこう》となるも牛後《ぎゅうご》となる勿《なか》れ

〈大きな組織の構成員として後ろにくっついているよりも、小さな組織で頭になるほうが良いということ〉

大きな組織には安心感があるかもしれません。将来性があるかもしれません。それは組織の属性です。その組織が変わると、自分も一緒に、その組織の変化に巻き込まれてしまいます。しかしどんな小さな組織でも、自分がトップであれば、自らの判断で行動することができます。もちろん、それにはリスクが伴いますが、そのリスクがその人を育てるのです。

●朝令暮改

〈朝に出した命令が夕方には変更になってしまうということ〉

指示や命令が頻繁に変わると社員は困ってしまいます。しかしその指示命令が頻繁に変わる理由は、指示命令を出す管理者の背景にあります。環境の変化が早ければ、その環境に合わせて指示命令も変えざるを得ません。指示命令が変わって大変だと嘆くよりも、その背景にあるものを知って行動してください。

●麻の中の蓬《よもぎ》

〈麻のようにまっすぐに育つ植物に交じって生えれば、蓬も自然とまっすぐに伸びることから、人も善人と交われば感化を受けて善人となるということ〉

いい組織風土の会社に入社すれば、入社した社員も感化されて自然に良い社員になることができます。

●所変われば品変わる

〈住んでいる土地・場所が変われば、習慣や風土、価値観が異なるということ〉

会社も一見同じように見えますが、会社によって考え方や価値観、組織風土がまったく違います。その組織風土に自分が馴染めるかどうか。これはその会社に入社するかどうかを考える上で大きなポイントです。

●二度あることは三度ある

〈同じようなことが一度ならず二度続けて起きたときには、さらにもう一度同じことが起きるということ〉

一度問題が発生したら、二度とその問題が発生しないようにその段階で改善や対策を考えなければなりません。この仕組みをつくることは大変ですが、同じ問題が二度、三度繰り返し発生することを考えれば、仕組みをつくるほうが組織の生産性を向上させ、組織力をアップさせることになります。

●立つ鳥跡を濁さず

〈鳥が飛び立つときには水をあまり波立てないことから、去っていくときや引き際は潔くすべきだということ〉

今の組織から新しい組織へ移動するときには、問題を起こさずにきれいに去っていかなければならないのです。

参考文献

「日経ベンチャー」2008・10・日経BP社
「平成18年度就労条件総合調査」厚生労働省
「平成18年賃金構造基本統計調査」厚生労働省
「法人企業統計調査」財務省

著者略歴

松本順市《まつもとじゅんいち》

一九五六年福島県生まれ。中央大学大学院中退。株式会社「魚力」に入社し、社長の参謀役として労働環境改善に取り組む。「3K」産業の魚屋業界初のサービス残業なし週休二日制を実現。社員の成長率を向上させ、三〇年連続増収増益、東証二部上場へと導く。

現在、㈱多摩研代表として、中小企業に人事制度づくりのノウハウを提供。各社の評価基準を〝可視化〟するだけで全社員が成長できる画期的な方法として注目される。

二〇〇八年までに三三七社の人事制度づくりを支援し、成功させている。

幻冬舎新書 145

「即戦力」に頼る会社は必ずダメになる

二〇〇九年九月三十日　第一刷発行

著者　松本順市

発行人　見城 徹

編集人　志儀保博

発行所　株式会社 幻冬舎

〒一五一-〇〇五一　東京都渋谷区千駄ヶ谷四-九-七

電話　〇三-五四一一-六二一一(編集)

〇三-五四一一-六二二二(営業)

振替　〇〇一二〇-八-七六七六四三

ブックデザイン　鈴木成一デザイン室

印刷・製本所　株式会社 光邦

検印廃止

Printed in Japan　ISBN978-4-344-98146-1 C0295

ま-4-1

幻冬舎ホームページアドレス http://www.gentosha.co.jp/

*この本に関するご意見・ご感想をメールでお寄せいただく場合は、comment@gentosha.co.jp まで。

幻冬舎新書

田中和彦
あなたが年収1000万円稼げない理由。
給料氷河期を勝ち残るキャリア・デザイン

大企業にいれば安泰、という時代は終わった。年収1000万円以上の勝ち組と年収300万円以下の負け組の二極分化が進む中で、年収勝者になるために有効な8つのポイントとは。

斉須政雄
少数精鋭の組織論

組織論の神髄は、レストランの現場にあった！　少人数のスタッフで大勢の客をもてなすためには、チームの団結が不可欠。一流店のオーナーシェフが、最少人数で最大の結果を出す秘訣を明かす！

坪井信行
100億円はゴミ同然
アナリスト、トレーダーの24時間

巨額マネーを秒単位で動かし、市場を操るトレーディングの世界。そこで働く勝負師だけが知る、未来予測と情報戦に勝つ術とは？　複雑な投資業界の構造と、異常な感覚で生き抜くプロ集団の実態。

小笹芳央
会社の品格

不祥事多発にともない、会社は「品格」を問われているが、会社を一番知っているのは「社員」だ。本書では、組織・上司・仕事・処遇という、社員の4視点から、企業体質を見抜く！

幻冬舎新書

山崎元
会社は2年で辞めていい

つねに2年先の自分をイメージし、方向転換しながら、自分の適職を見つけ、揺るぎない「人材価値」を確立するためのキャリア戦略を徹底解説。会社の捨て方・選び方、転職時の要注意点も満載。

坂口孝則
牛丼一杯の儲けは9円
「利益」と「仕入れ」の仁義なき経済学

利益が生まれる舞台裏では何が行なわれているのか？そこには大量仕入れから詐欺仕入れまで、工夫と不正が入り混じる攻防があった。身近な商品の利益率から、仕入れの仕組みを明らかにする。

近藤勝重
なぜあの人は人望を集めるのか
その聞き方と話し方

人望がある人とはどんな人か？　その人間像を明らかにし、その話し方などを具体的なテクニックにして伝授。体験を生かした説得力ある語り口など、人間関係を劇的に変えるヒントが満載。

門倉貴史
貧困ビジネス

出口の見えない不況下、増え続ける貧困層を食い物にするのが、一番手っ取り早く儲けられるビジネスだ——よくて合法スレスレ、ときに確信犯的に非合法を狙い、経済の土台を蝕む阿漕なビジネスの実態。

幻冬舎新書

夏野剛
グーグルに依存し、アマゾンを真似るバカ企業

ほとんどの日本企業は、グーグルに依存しアマゾンに憧れるばかりで、ネットの本当の価値をわかっていない。iモード成功の立役者が、日本のネットビジネスが儲からない本当の理由を明かす。

出井伸之
日本大転換
あなたから変わるこれからの10年

日本は都市のインフラづくりの分野で独自の力を発揮すべきだ。政官民学が一体となって日本の省力化技術を新たな輸出産業として育てれば、内需・外需刺激と地方活性化を促す日本復活の鍵となる。

柴田英寿
金になる人脈
その近づき方・つくり方・転がし方

誰も知らない情報、新しい価値観を提供する人が現代の人脈であり、地位や肩書きのないあなたにも富をもたらす源泉となる。「知人の束」を「人脈」に変え、情報と金を呼ぶ仕組みづくりを伝授。

紺谷典子
平成経済20年史

バブルの破裂から始まった平成は、世界金融の破綻で20年目の幕を下ろす。この20年間を振り返り、日本が墜落した最悪の歴史とそのただ1つの原因を解き明かし、復活へ一縷の望みをつなぐ稀有な書。